"十四五"职业教育国家规划教材

汽车机械基础

第2版

主　编　徐　炬　丁　伟
副主编　李彩燕　王　姗
参　编　苏　群　蓝希紧　马英亮　马亚男
主　审　张志强

机械工业出版社

本书为"十四五"职业教育国家规划教材。

本书是在编者对市场进行充分的调研，明确企业对技能型人才的实际需求，依据汽车类专业毕业生所从事职业的实际需要，对学生应具备的知识结构和能力结构进行精准定位的基础上编写的。本书内容分为七个项目，每个项目又分成多个任务，具体项目包括机械概述，汽车常用传动机构，汽车带传动、链传动和齿轮传动，汽车轮系，汽车上的轴与轴承，汽车上的键、销及螺纹连接，汽车联轴器、离合器和制动器。全书对汽车各类型机械的基本概念、基本原理以及具体应用进行了详细的介绍，并且真正做到了图文并茂、生动形象。在对汽车机械进行原理性的讲解时，还配有二维码，学生可通过扫描二维码实时观看相应的动画，一目了然。通过对本书内容的学习，学生可掌握汽车机械的相关基础知识，为以后专业课程的学习打下基础。

本书可作为职业教育院校汽车相关专业的教材，也可供汽车维修技术人员及汽车爱好者学习与使用。

为方便教学，本书配有电子课件，凡选用本书作为授课教材的教师均可登录 www.cmpedu.com 以教师身份注册后免费下载。咨询电话：010-88379201。

图书在版编目（CIP）数据

汽车机械基础 / 徐炬，丁伟主编. -- 2 版. -- 北京：机械工业出版社，2025.7. --（"十四五"职业教育国家规划教材）. -- ISBN 978-7-111-78706-8

Ⅰ. U463

中国国家版本馆 CIP 数据核字第 20250B5Y75 号

机械工业出版社（北京市百万庄大街 22 号　邮政编码 100037）
策划编辑：于志伟　　　　　　责任编辑：于志伟　谢熠萌
责任校对：梁　园　张　征　　封面设计：鞠　杨
责任印制：李　昂
北京利丰雅高长城印刷有限公司印刷
2025 年 8 月第 2 版第 1 次印刷
184mm×260mm · 11.5 印张 · 278 千字
标准书号：ISBN 978-7-111-78706-8
定价：48.00 元（含工作页）

电话服务　　　　　　　　　　网络服务
客服电话：010-88361066　　　机　工　官　网：www.cmpbook.com
　　　　　010-88379833　　　机　工　官　博：weibo.com/cmp1952
　　　　　010-68326294　　　金　书　网：www.golden-book.com
封底无防伪标均为盗版　　　　机工教育服务网：www.cmpedu.com

关于"十四五"职业教育国家规划教材的出版说明

为贯彻落实《中共中央关于认真学习宣传贯彻党的二十大精神的决定》《习近平新时代中国特色社会主义思想进课程教材指南》《职业院校教材管理办法》等文件精神,机械工业出版社与教材编写团队一道,认真执行思政内容进教材、进课堂、进头脑要求,尊重教育规律,遵循学科特点,对教材内容进行了更新,着力落实以下要求:

1. 提升教材铸魂育人功能,培育、践行社会主义核心价值观,教育引导学生树立共产主义远大理想和中国特色社会主义共同理想,坚定"四个自信",厚植爱国主义情怀,把爱国情、强国志、报国行自觉融入建设社会主义现代化强国、实现中华民族伟大复兴的奋斗之中。同时,弘扬中华优秀传统文化,深入开展宪法法治教育。

2. 注重科学思维方法训练和科学伦理教育,培养学生探索未知、追求真理、勇攀科学高峰的责任感和使命感;强化学生工程伦理教育,培养学生精益求精的大国工匠精神,激发学生科技报国的家国情怀和使命担当。加快构建中国特色哲学社会科学学科体系、学术体系、话语体系。帮助学生了解相关专业和行业领域的国家战略、法律法规和相关政策,引导学生深入社会实践、关注现实问题,培育学生经世济民、诚信服务、德法兼修的职业素养。

3. 教育引导学生深刻理解并自觉实践各行业的职业精神、职业规范,增强职业责任感,培养遵纪守法、爱岗敬业、无私奉献、诚实守信、公道办事、开拓创新的职业品格和行为习惯。

在此基础上,及时更新教材知识内容,体现产业发展的新技术、新工艺、新规范、新标准。加强教材数字化建设,丰富配套资源,形成可听、可视、可练、可互动的融媒体教材。

教材建设需要各方的共同努力,也欢迎相关教材使用院校的师生及时反馈意见和建议,我们将认真组织力量进行研究,在后续重印及再版时吸纳改进,不断推动高质量教材出版。

机械工业出版社

前 言

随着汽车的不断普及，维修技术的不断提高，服务水平的不断提升，社会对汽车类专业人才的需求急剧增加。本书是根据《中国教育现代化2035》精神，以服务为宗旨，以就业为导向，组织专业骨干认真研究并编写的全新教材，是汽车运用与维修专业必修的技术基础课教材。

本书是根据汽车维修行业职业需求、汽车维修类技能高考大纲以及职业技能等级证书鉴定标准组织编写的，遵循"行动导向、任务引领、学做结合、理实一体"的原则进行设计，突出体现以学生为主体，将习近平新时代中国特色社会主义思想和党的二十大精神融入教材，全面贯彻党的教育方针，落实立德树人的根本任务。本书的主要特色如下：

1. 将汽车机械的每一个项目分解成多个任务，以任务为基本单元，学完一个任务就能掌握相应的知识和技能。

2. 每一个知识点的讲解都紧紧围绕着"汽车"这一核心，全书所讲的所有机械知识点都给出了其在汽车上的具体应用。

3. 配图立体感强、形象生动，相关原理部分和应用部分都配有同步动画，以方便学生自学。全书还配有同步课件，方便教师讲授。

4. 每个项目都相应设计了实训教学内容，通过实训内容的学习，学生能够快速理解相关理论并掌握相关的技能要点。

5. 本次修订加入了一些精心挑选的素养教育案例，丰富了教材内容，旨在培养学生的综合素质与高尚品德。

本书由徐炬、丁伟担任主编并负责全书的统稿，李彩燕、王姗担任副主编，张志强担任本书的主审，参与本书编写的还有苏群、蓝希紧、马英亮、马亚男。在本书编写过程中，有关单位、厂家（包括河源市一汽大众汽车销售有限公司、河源市上汽大众汽车销售有限公司、河源市骏马通汽车4S店、河源市吉利汽车4S店、河源市永发比亚迪汽车销售有限公司等）给予了大力的支持和帮助，编者还参考和引用了很多文献资料及图片，在此向相关人员表示衷心的感谢。

限于编者水平，书中难免有不妥之处，敬请广大读者批评指正。

编　者

目 录

前言

项目一 机械概述 …………………………………………………… 1
  任务一　认识机械的有关名词术语 …………………………… 1
  任务二　认识摩擦、磨损和润滑 ……………………………… 5
  项目一练习题 …………………………………………………… 9

项目二 汽车常用传动机构 ………………………………………… 11
  任务一　认识机构运动 ………………………………………… 11
  任务二　认识铰链四杆机构及其应用 ………………………… 18
  任务三　认识凸轮机构及其应用 ……………………………… 27
  项目二练习题 …………………………………………………… 31

项目三 汽车带传动、链传动和齿轮传动 ………………………… 33
  任务一　认识带传动及其应用 ………………………………… 33
  任务二　认识链传动及其应用 ………………………………… 39
  任务三　认识齿轮传动及其应用 ……………………………… 43
  项目三练习题 …………………………………………………… 52

项目四 汽车轮系 …………………………………………………… 55
  任务一　认识轮系的分类及应用 ……………………………… 55
  任务二　了解轮系传动比 ……………………………………… 59
  项目四练习题 …………………………………………………… 61

目　录

项目五　汽车上的轴与轴承 …………………………………………………… 63

　　任务一　认识轴及其应用 ………………………………………………… 63

　　任务二　认识滑动轴承及其应用 ………………………………………… 69

　　任务三　认识滚动轴承及其应用 ………………………………………… 73

　　项目五练习题 ……………………………………………………………… 78

项目六　汽车上的键、销及螺纹连接 ………………………………………… 80

　　任务一　认识键连接及其应用 …………………………………………… 80

　　任务二　认识销连接及其应用 …………………………………………… 84

　　任务三　认识螺纹连接及其应用 ………………………………………… 86

　　项目六练习题 ……………………………………………………………… 91

项目七　汽车联轴器、离合器和制动器 ……………………………………… 93

　　任务一　联轴器的选择及应用 …………………………………………… 93

　　任务二　离合器的选择及应用 …………………………………………… 97

　　任务三　制动器的选择及应用 …………………………………………… 100

　　项目七练习题 ……………………………………………………………… 102

参考文献 ………………………………………………………………………… 104

项目一 机械概述

【项目描述】
　　通过本项目的学习，初步建立机械的概念，了解本课程研究的对象和内容；学会区分机械、机器、机构和零件等名词的概念，懂得它们之间的相互关系；掌握机械的共性和汽车机械的特殊性，同时了解机械中涉及的有关术语，并掌握有关摩擦、磨损和润滑的一些基本知识，为学好汽车机械基础课程打下基础。学生学习完学习任务后，完成对应的技能训练，然后完成课后练习，以强化对知识的掌握。

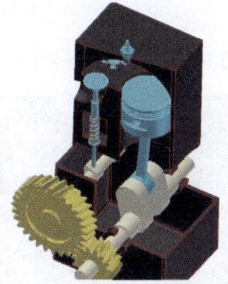

任务一　认识机械的有关名词术语

【学习目标】

目标类型	目标要求
知识目标	1. 知道机器、机构的含义与区别 2. 学会分析构件与零件
技能目标	认识汽车发动机活塞连杆机构各零件的名称
职业素养	1. 能根据工作任务需要，搜集、整理和学习相关资源信息并制订出工作计划，开展任务实施和总结 2. 具有良好的人际沟通能力、团队合作精神 3. 具有安全生产、成本节约、环境保护与节能意识

【基本理论知识】

汽车是一个复杂的整体，可分为车身、发动机、底盘和电气设备四大组成部分，每一个大的组成部分又由多个小单元组成，而每一个小单元又是由若干机构或者构件组成的，如图1-1所示。所以在学习汽车机械基础之前，需要首先了解机器、机构、构件和零件的含义。

图1-1 汽车

【拓展阅读】

深海重器："奋斗者"号万米载人潜水器

2020年11月10日，中国"奋斗者"号全海深载人潜水器在马里亚纳海沟成功坐底，坐底深度为10909m。这是中国自主研制的潜水器第一次把3名国人送达地球的"第四极"，而"奋斗者"号也是人类历史上第四艘抵达"挑战者深渊"的载人深潜器，更是其中能力最强、技术最先进的一艘。

作为人类历史上第4艘全海深载人潜水器，为实现万米海底作业目标，"奋斗者"号研发团队历经5年艰苦攻关。集结了中国船舶重工集团公司第七〇二研究所、中国科学院深海科学与工程研究所等20家科研院所、13所高校、60余家企业等近千名科研人员，是在"蛟龙"号、"深海勇士"号载人潜水器研制与应用的良好基础上，组织开展关键技术攻关。在耐压结构设计及安全性评估、钛合金材料制备及焊接、浮力材料研制与加工、声学通信定位、智能控制技术、锂离子电池、海水泵、作业机械手等方面，实现多项重大技术突破，核心部件国产化率超过96.5%。

> "奋斗者"号万米载人潜水器的研发成功和在已知的海洋最深处的成功坐底，这是振奋民族精神的科技时刻，我们无法记清每一张年轻的面孔，也无法说出每一个远洋船上晒得皮肤黝黑的科学家的名字，但我们知道，他们中的每一个都不可或缺。
> 多年来，我国重大科技成果实现了从零星到井喷，从量变到质变的过程。正是中国科技工作者集智攻关、团结协作，才创造了举世瞩目的科技成就。
> 摘选："奋斗者"号：向着万米深海勇往直"潜"；科技日报；2021-06-25

1. 机器与机构

（1）机器

1）机器的定义。机器是由各种金属和非金属部件组装成的装置，它消耗能源，可以运转、做功。机器的功用是代替人的劳动，进行能量变换、信息处理以及产生有用功。

2）机器的特征。机器的种类繁多，但所有的机器都具有下列三个共同的特征：

① 各运动实体之间具有确定的相对运动，如图1-2中活塞相对气缸的往复移动。

② 任何机器都是由许多构件组合而成的。例如，图1-2所示的单缸内燃机是由气缸、活塞、连杆、曲轴等构件组合而成的。

③ 能实现能量的转换，代替或减轻人类的劳动，完成有用的机械功，如运输机器可以改变物体在空间的位置。

综上所述，机器就是构件的组合，各构件间有确定的相对运动，并能代替或减轻人类的劳动，完成有用的机械功或实现功能转换。

3）机器的组成。机器主要有四个组成部分，分别是：

① 动力部分：机器能量的来源，它将各种能量转变为机械能。

② 工作部分：直接实现机器特定功能，完成生产任务的部分。

③ 传动部分：按工作要求将动力部分的运动和动力传递、转换或分配给工作部分的中间装置。

④ 控制部分：控制机器起动、停车和变更运动参数的部分。

（2）机构　机构是指两个或两个以上的构件通过活动连接来实现规定运动的构件组合。构件组合中有一个构件作为机架，构件系统是用运动副连接起来的。

与机器相比，构件满足机器的前两个特征，也是构件的组合，各构件间有确定的相对运动。但构件不能做机械功，也不能实现功能转换，其主要功用是传递或转变运动的形式。例如，摩托车是机器，而自行车就是机构。

另外，机械是机构和机器的统称。

2. 构件和零件

（1）构件　机构中每一个独立的运动单元体称为一个构件，构件间能做相对运动。构件可以是不能拆开的单一整体，如图1-2所示的曲轴；也可以是几个相互之间无相对运动的物体组成的刚性体，如图1-3所示的车轮总成，它是由车轮和轮胎组成的。

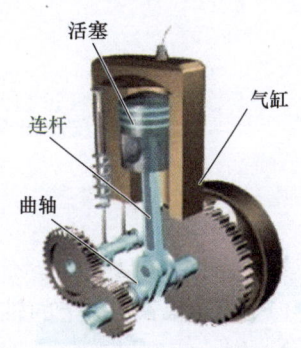

图1-2　单缸内燃机

（2）零件　零件是指机械中不可拆分的单个制造单元，它是构件的组成部分。如发动机的连杆构件由连杆体、连杆盖、螺栓、螺母等零件组成，如图1-4所示。

图1-3　车轮总成

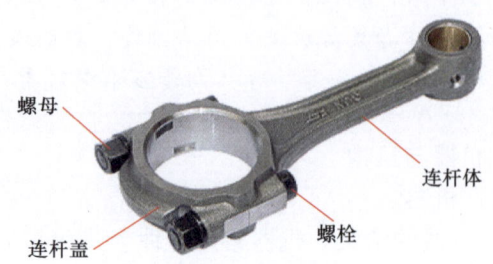

图1-4　连杆

零件分为通用零件和专用零件两大类。各种机器中普遍使用的零件称为通用零件，如螺钉、齿轮、轴等；只在某些特定类型的机器中才使用的零件，称为专用零件，如发动机中的曲轴和活塞、汽轮机的叶片、纺织机中的织梭等。

可以看出，构件是运动的单元，而零件是制造的单元。

【技能训练】

一、训练目的

1）理解机构、构件和零件的概念。

2）认识汽车连杆各零件的名称。

二、训练器材

汽车连杆实物、拆装工具一套。

三、训练内容

分解汽车发动机活塞连杆组，认识组成活塞连杆的各零件，并完成工作页的填写。

发动机活塞连杆组如图1-5所示。

图1-5　发动机活塞连杆组

具体操作步骤如下：

1）用手拆下连杆上的轴承。

2）用一字螺钉旋具拆下活塞销卡环。

3）用加热器加热1缸活塞到80~90℃。

4）用橡胶锤和铜棒轻轻敲出活塞销。

5）用手拆下连杆。

6）用活塞环拆装钳拆下上气环。

7）用活塞环拆装钳拆下下气环。

8）用手拆下油环。

9）用手拆下活塞。

【课后练习】

1. 机器与机构有什么区别？试举例说明。
2. 请简述机器、机构、构件、零件、机械之间的关系。

任务二　认识摩擦、磨损和润滑

【学习目标】

目标类型	目标要求
知识目标	1. 了解摩擦的基本概念，能够区分静摩擦、滑动摩擦和滚动摩擦 2. 了解机械磨损，并掌握润滑的方式和方法
技能目标	认识盘式制动器的制动原理
职业素养	1. 能根据工作任务需要，搜集、整理和学习相关资源信息并制订出工作计划，开展任务实施和总结 2. 具有良好的沟通能力、团队合作精神 3. 具有安全生产、成本节约、环境保护与节能的意识

【基本理论知识】

1. 摩擦

摩擦是指相互接触的两个物体有相对运动或相对运动趋势时，在接触处产生阻力的现象，它是机械运动中普遍存在的一种自然现象，两物体只要有相对运动或相对运动趋势，接触表面间就会有摩擦存在。汽车离合器能传递动力，是因为离合器摩擦片与飞轮间存在摩擦，而汽车在行驶中也需要依靠摩擦才能停下来。人能在地上行走，也是因为所穿鞋子的鞋底与地面间存在摩擦。摩擦会带来能量损耗，使相对运动表面发热、机械效率降低，还会引起振动和噪声等。

（1）按运动形式分类　根据运动形式不同，摩擦可分为滑动摩擦和滚动摩擦。

1）滑动摩擦。一物体在另一物体表面上滑动或有滑动的趋势时，在两物体接触面上产生的阻碍它们之间相对滑动的现象，称为滑动摩擦，如图1-6所示。

2）滚动摩擦。一物体在另一物体表面做无滑动的滚动或有滚动的趋势时，两物体接触面上产生的对滚动的阻碍作用称为滚动摩擦，如图1-7所示。

区分滑动摩擦与滚动摩擦的方法：滑动摩擦物体上的一点总是不离开接触面，而滚动摩擦物体上的一点不总是在接触面上。

在相同条件下，滚动摩擦小于滑动摩擦，如图1-8所示。

图 1-6　滑动摩擦

图 1-7　滚动摩擦

图 1-8　相同条件下滚动摩擦小于滑动摩擦

（2）按摩擦状态分类　根据摩擦状态不同，摩擦可分为干摩擦、边界摩擦、液体摩擦和混合摩擦，如图 1-9 所示。

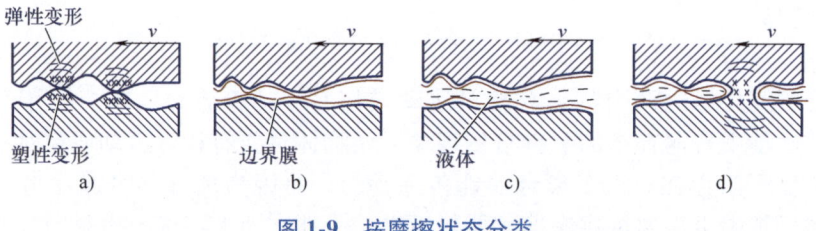

图 1-9　按摩擦状态分类

a) 干摩擦　b) 边界摩擦　c) 液体摩擦　d) 混合摩擦

1）干摩擦。表面间无任何润滑剂或保护膜的摩擦称为干摩擦。如图 1-10 所示，制动器中摩擦片与制动盘间的摩擦为干摩擦。汽车上典型的干摩擦还有离合器摩擦盘与飞轮之间的摩擦。

干摩擦的特点：摩擦系数大，通常用于利用摩擦的场合中。

2）边界摩擦。摩擦表面之间有一层极薄的润滑剂的摩擦称为边界摩擦。如图 1-11 所示，发动机中活塞环与气缸内壁之间的摩擦为边界摩擦。

边界摩擦的特点：①边界膜的厚度很小，但仍可使摩擦系数大大降低；②摩擦磨损特性不取决于润滑剂的黏度，而是取决于表面膜的特性。

图 1-10 摩擦片与制动盘

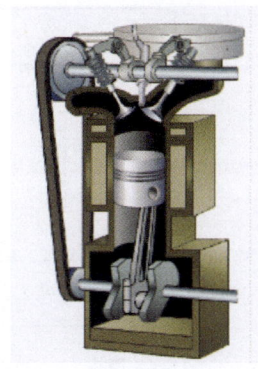
图 1-11 活塞环与气缸内壁

3）液体摩擦。摩擦表面被液体润滑膜完全隔开的摩擦称为液体摩擦，其摩擦性质取决于液体分子的内部摩擦力。

液体摩擦的特点：摩擦系数小，摩擦表面不直接接触，不会有磨损产生，是理想摩擦状态。

4）混合摩擦。机械运动的接触表面大多数处于以上三种摩擦状态的混合，称为混合摩擦。

2. 磨损

摩擦使零件表面材料逐渐损失的现象称为磨损。磨损改变零件的尺寸和形状，破坏工作表面，影响零件和机器的功能，缩短其使用寿命，并消耗材料和能量，一般应减少磨损。

（1）磨损的类型　按照表面破坏机理特征，磨损可以分为磨粒磨损、黏着磨损、表面疲劳磨损、腐蚀磨损和微动磨损等。前三种是磨损的基本类型，后两种只在某些特定条件下才会发生。

1）磨粒磨损：物体表面与硬质颗粒或硬质凸出物（包括硬金属）相互摩擦，引起表面材料损失。

2）黏着磨损：摩擦副相对运动时，由于固相焊合作用的结果，造成接触面金属损耗。

3）表面疲劳磨损：两接触表面在交变接触压应力的作用下，材料表面因疲劳而产生物质损失。

4）腐蚀磨损：零件表面在摩擦的过程中，表面金属与周围介质发生化学或电化学反应，从而出现物质损失。

5）微动磨损：两接触表面间没有宏观相对运动，但在外界变动负荷影响下，有小振幅的相对振动（振幅小于 $100\mu m$），此时接触表面间产生大量的微小氧化物磨损粉末，因此造成的磨损称为微动磨损。

（2）磨损过程　一般机械零件的磨损过程分为磨合阶段、稳定磨损阶段和剧烈磨损阶段，如图 1-12 所示。

1）磨合阶段（初期磨损）：图中 Oa 段。

2）稳定磨损阶段（正常磨损）：图中 ab 段。

3）剧烈磨损阶段（激剧磨损）：图中 bc 段。

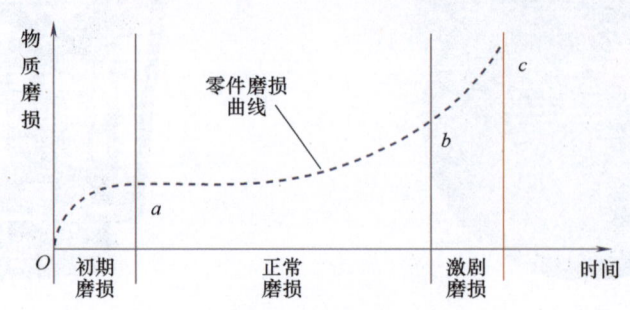

图 1-12　磨损曲线

3. 润滑

润滑是指在相对运动的两个摩擦表面之间加入润滑剂，使两摩擦表面之间形成润滑膜，从而达到减小摩擦、减少磨损、延长机械设备使用寿命目的的一种技术措施。

(1) 润滑的作用

1) 减小摩擦：在摩擦面间加入润滑剂，能使摩擦系数降低，从而减小了摩擦阻力，节约了能源消耗。

2) 减少磨损：润滑剂在摩擦面间可以减少磨粒磨损、表面疲劳、黏着磨损等所造成的磨损。

3) 密封作用：润滑剂对某些外露零件形成密封，能防止水分和杂质等侵入。

4) 防锈作用：摩擦面上有润滑剂存在，就可以防止因空气、水滴、水蒸气、腐蚀性气体及液体、尘埃、氧化物引起的锈蚀。

5) 清洗作用：润滑油的循环可以带走杂质，经过滤清器滤掉。

6) 冷却作用：润滑剂可以吸热、传热和散热，因而能降低摩擦热造成的温度上升。

7) 减振作用：在运动零件表面形成油膜，吸收冲击并减小振动，起减振缓冲作用。

8) 传递动力：在很多情况下，润滑剂具有传递动力的功能，如液压传动等。

(2) 润滑的方式

1) 压力润滑：利用机油泵，将具有一定压力的润滑油源源不断地送往摩擦表面。例如，曲轴主轴承、连杆轴承及凸轮轴轴承、摇臂等处形成油膜，以保证润滑。

2) 飞溅润滑：利用发动机工作时运动零件飞溅起来的油滴或油雾来润滑摩擦表面的润滑方式称为飞溅润滑。这种方式可使裸露在外面承受载荷较小的气缸壁，相对滑动速度较小的活塞销，以及配气机构的凸轮表面、挺柱等得到润滑。

3) 定期润滑：对于负荷较小的发动机辅助装置，则只需定期、定量加注润滑脂进行润滑，如水泵及发电机轴承等。

(3) 选用润滑剂的基本原则

1) 在低速、重载、高温、间隙大的情况下，应选用黏度较大的润滑油。

2) 在高速、轻载、低温、间隙小的情况下，应选用黏度较小的润滑油。

3) 润滑脂主要用于速度低、载荷大、不需经常加油、使用要求不高或灰尘较多的场合。

4）气体、固体润滑剂主要用于高温、高压、防止污染等一般润滑剂不能适用的场合。

【技能训练】

一、训练目的

了解盘式制动器的制动原理。

二、训练器材

汽车前轮处盘式制动器、测量用钢直尺、拆装工具一套。

三、训练内容

1）拆卸汽车前轮制动摩擦片（图1-13），分析此处的摩擦类型。

2）用钢直尺测量摩擦片的磨损量。

3）拆卸汽车前轮制动摩擦片的具体操作步骤如下：

① 用套筒扳手拧松车轮螺栓。

② 用套筒扳手拆下车轮螺栓。

③ 用手拆下轮辋及车轮组件。

④ 用尖嘴钳拧下保持弹簧。

⑤ 用内六角扳手拧松制动钳浮动销定位螺栓。

⑥ 移开制动钳壳体总成。

⑦ 用手拆下摩擦块。

⑧ 用手拆下带棘爪的摩擦块。

4）用钢直尺测量摩擦片磨损量的具体操作步骤如下：

图1-13　前轮制动摩擦片

① 使用钢直尺分别在摩擦片的三个不同位置测量摩擦片的厚度，并做好记录。

② 与新摩擦片的厚度对比，计算摩擦片的磨损量。

【课后练习】

1. 滑动摩擦和滚动摩擦有什么区别？

2. 汽车发动机曲轴采用的是哪种润滑方式？

项目一练习题

一、填空题

1. 机构是具有确定＿＿＿＿＿＿＿的一种实体组合，机器与机构总称为＿＿＿＿＿＿。

2. 一般汽车的机器主要由＿＿＿＿＿＿部分、＿＿＿＿＿＿部分、＿＿＿＿＿＿部分和＿＿＿＿＿＿部分组成。

3. 机构与机器的区别主要在于两者的功用不同：机器的主要功用是＿＿＿＿＿＿，机构的主要功用在于＿＿＿＿＿＿＿＿＿＿。

4. 常用机械的种类主要有三种：①＿＿＿＿＿＿＿的机械，如内燃机、蒸汽机等；②＿＿＿＿＿＿＿＿的机械，如发电机；③＿＿＿＿＿＿＿的机械，如汽车、机床等。

5. 摩擦对人类来说有利也有弊，汽车离合器的工作原理得益于摩擦，能够进行＿＿＿＿＿。

6. 由于摩擦力＿＿＿＿＿＿＿，所以它的方向总是与＿＿＿＿＿＿＿或＿＿＿＿＿＿的方向相反。

7. 两个相互接触的物体发生_____或_____时，接触面间会产生_____，这种力称为滑动摩擦力，简称摩擦力。

二、判断题

（　）1. 一个机器可以只含一个机构，也可以由数个机构组成。
（　）2. 构件是机器或机构中的制造单元，机械零件是机械中的运动单元。
（　）3. 汽车是交通工具，不是机器。机器的动力源属于动力部分。
（　）4. 汽车机械基础研究的对象是汽车发动机的构造。
（　）5. 汽车的点火开关属于控制部分，离合器踏板则属于传动部分。
（　）6. 汽车在坚硬的路面行驶要比在松软的泥地上更费力。
（　）7. 汽车的轮胎在地面上能够转动，是由于其受到地面摩擦力的作用。

三、选择题

1. 汽车中的车轮属于_____部分。
   A. 执行　　　　　B. 动力　　　　　C. 传动　　　　　D. 控制
2. 下列不属于专用零件的是_____。
   A. 凸轮轴　　　　B. 曲轴　　　　　C. 凸轮摇臂　　　D. 螺栓
3. 下列机件中_____属于构件，_____属于零件。
   A. 自行车后轮　　B. 自行车车架　　C. 钢圈　　　　　D. 链条
4. 下列不属于机器的是_____。
   A. 普通自行车　　B. 卧式车床　　　C. 汽车　　　　　D. 洗衣机
5. 汽车轮胎行驶时的摩擦属于_____。
   A. 滑动摩擦　　　B. 滚动摩擦　　　C. 液体摩擦　　　D. 混合摩擦
6. 下列现象中属于滑动摩擦的是_____。
   A. 用手握住瓶子时，手与瓶子之间的摩擦
   B. 旋动瓶盖时，盖子与瓶口之间的摩擦
   C. 双杠运动员的手与杠之间的摩擦
   D. 汽车发动机关闭后继续向前滑行时，车轮与地面间的摩擦

项目二

汽车常用传动机构

【项目描述】

　　传动机构在现代机械中应用非常广泛，通过本项目的学习，初步体会汽车上各种传动机构的设计基础，知道一些常见的传动类型是如何应用到汽车上的。具体安排：通过任务一的学习，建立机械传动和运动副的概念；通过任务二的学习，认识铰链四杆机构，并理解汽车前风窗玻璃刮水器机构、车门玻璃升降机构、汽车前轮转向机构、发动机曲柄连杆机构等是如何实现其功能的；通过任务三的学习，认识凸轮机构，并理解汽车发动机配气机构如何按需要定时开启和关闭进、排气门。本项目重视所学知识在机械中的应用，可培养学生对本课程的学习兴趣。

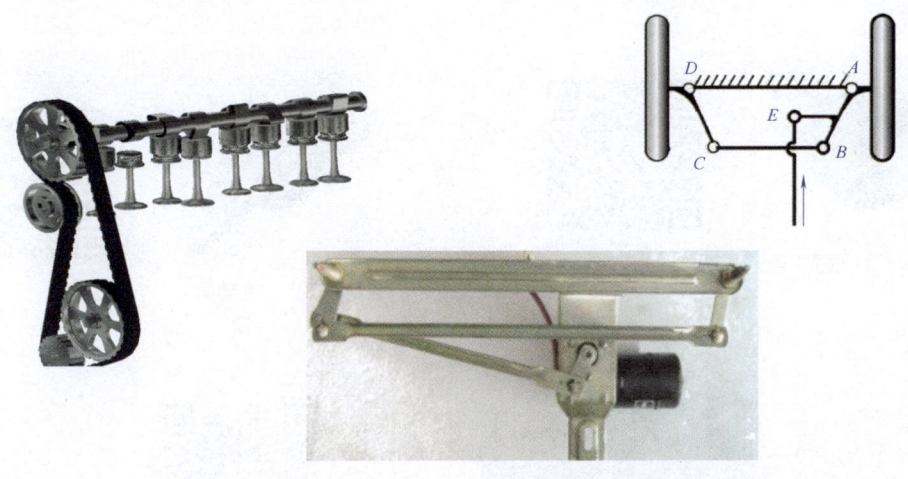

 **任务一　认识机构运动**

【学习目标】

目标类型	目标要求
知识目标	1. 了解运动副的概念及分类 2. 知道机械传动的一般分类方法 3. 能够识读常用机构运动简图的名称与符号

11

(续)

目标类型	目标要求
技能目标	能够判断出汽车相关零件对应的运动副
职业素养	1. 能根据工作任务需要，搜集、整理和学习相关资源信息并制订出工作计划，开展任务实施和总结 2. 具有良好的沟通能力、团队合作精神 3. 具有安全生产、成本节约、环境保护与节能的意识

【基本理论知识】

1. 运动副的概念及分类

（1）概念　两构件直接接触并能产生相对运动的活动连接称为运动副，如轴承和轴颈、齿轮与齿轮等。

运动副有三个构成要素，三者缺一不可，它们分别是：①两个构件；②直接接触；③有相对运动。

（2）分类　根据组成运动副两构件的接触形式不同，运动副可以分为低副和高副。

1）低副。低副是指两构件以面接触的运动副。因承受载荷时单位面积压力较低，所以低副比高副的承载能力大。

按两构件的相对运动形式，低副可以分为移动副、转动副和螺旋副，分别如图 2-1~图 2-3 所示。

图 2-1　移动副

图 2-2　转动副

图 2-3　螺旋副

① 移动副：只允许两构件做相对移动的运动副，如图 2-4 所示。
② 转动副：只允许两构件做相对转动的运动副，又称为铰链，如图 2-4 所示。
③ 螺旋副：两构件间既有相对移动又有相对转动的运动副，如图 2-5 所示。

2）高副。高副是两构件以点或线接触的运动副，如图 2-6 所示。高副承受载荷时单位面积上的压力较高，两构件接触处易磨损，所以使用寿命短。至少有一个运动副是高副的机构称为高副机构。

项目二 汽车常用传动机构

图 2-4 铲车中的移动副和转动副

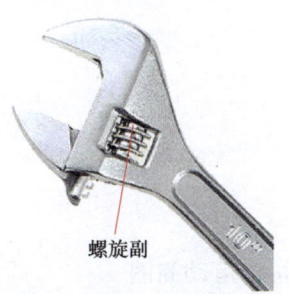
图 2-5 活扳手中的螺旋副

汽车中常见的高副机构有齿轮副和凸轮副，如图 2-7 和图 2-8 所示。

图 2-6 高副

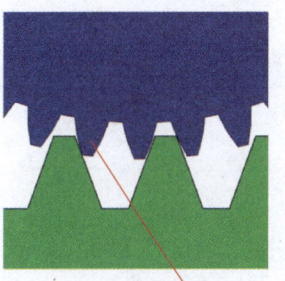
图 2-7 齿轮副

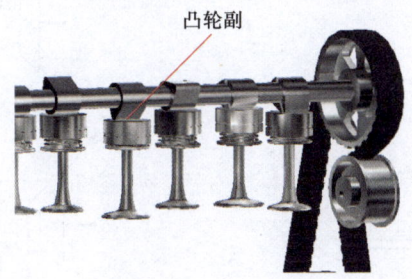
图 2-8 凸轮副

2. 机械传动的分类

机械传动主要分为两类：一是靠机件间的摩擦力传递动力的摩擦传动；二是靠主动件与从动件啮合或借助中间件啮合传递动力或运动的啮合传动。摩擦传动和啮合传动各自的分类如下：

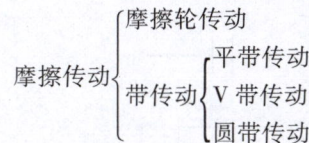

13

$$\text{啮合传动} \begin{cases} \text{同步带传动（不打滑）} \\ \text{齿轮传动} \begin{cases} \text{圆柱齿轮传动} \\ \text{锥齿轮传动} \\ \text{齿轮齿条传动} \end{cases} \\ \text{蜗杆传动} \\ \text{螺旋传动} \\ \text{链传动} \end{cases}$$

3. 机构运动简图

机构运动简图是指用规定的简单线条和符号代表构件和运动副，按比例尺定出运动副的位置，准确表达机构运动特征的简单图形。

常见机构运动简图见表 2-1。

表 2-1 常见机构运动简图

机构名称		基本符号	可用符号
摩擦传动	圆柱轮	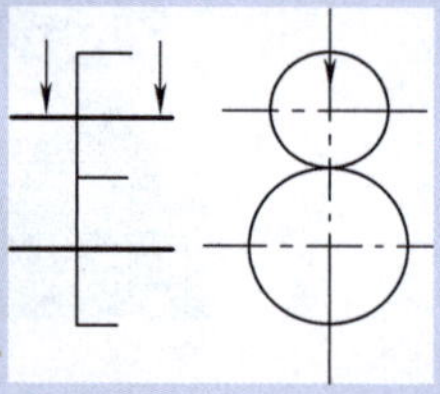	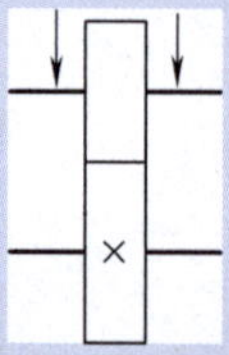
	圆锥轮	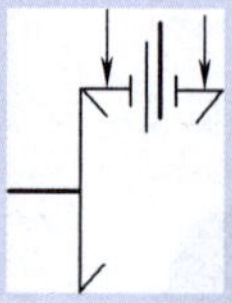	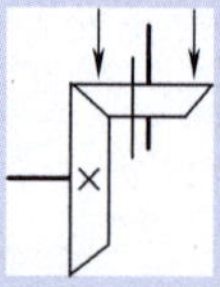
	可调圆锥轮	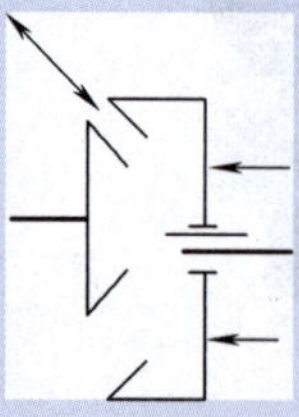	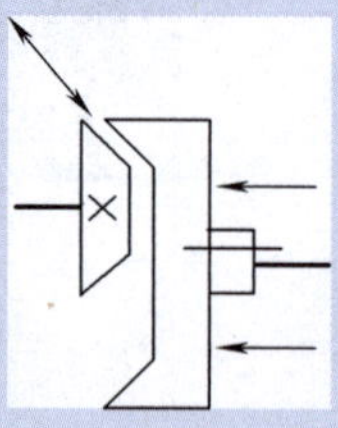
	可调冕状轮	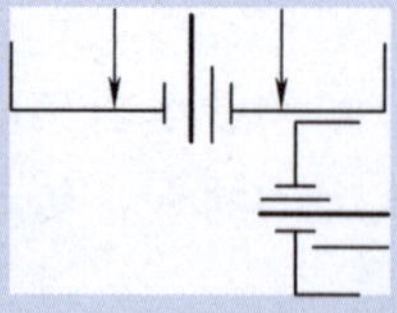	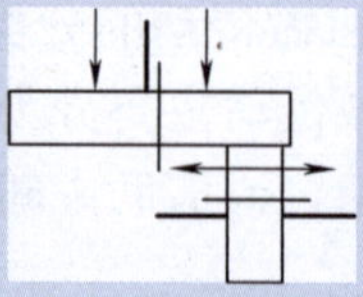
联轴器	一般符号	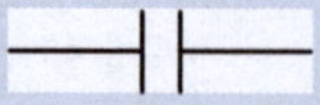	
	固定联轴器	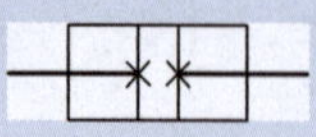	

（续）

机构名称		基本符号	可用符号
联轴器	可移式联轴器		
	弹性联轴器		
	机架		
	轴、杆		
	组成部分与轴（杆）的固定连接		
	轴上飞轮		
平面机构	连杆		
	曲柄（或摇杆）		
	偏心轮		
	导杆		
	滑块		
齿轮机构	圆柱齿轮		
	锥齿轮		

（续）

机构名称		基本符号	可用符号
齿轮机构	蜗杆蜗轮		
	齿轮齿条		
	扇形齿轮		
凸轮机构	盘形凸轮		
	圆柱凸轮		
	尖顶从动杆		
	曲面从动杆		
	滚子从动杆		
槽轮机构	一般符号		
	外啮合		
	内啮合		

（续）

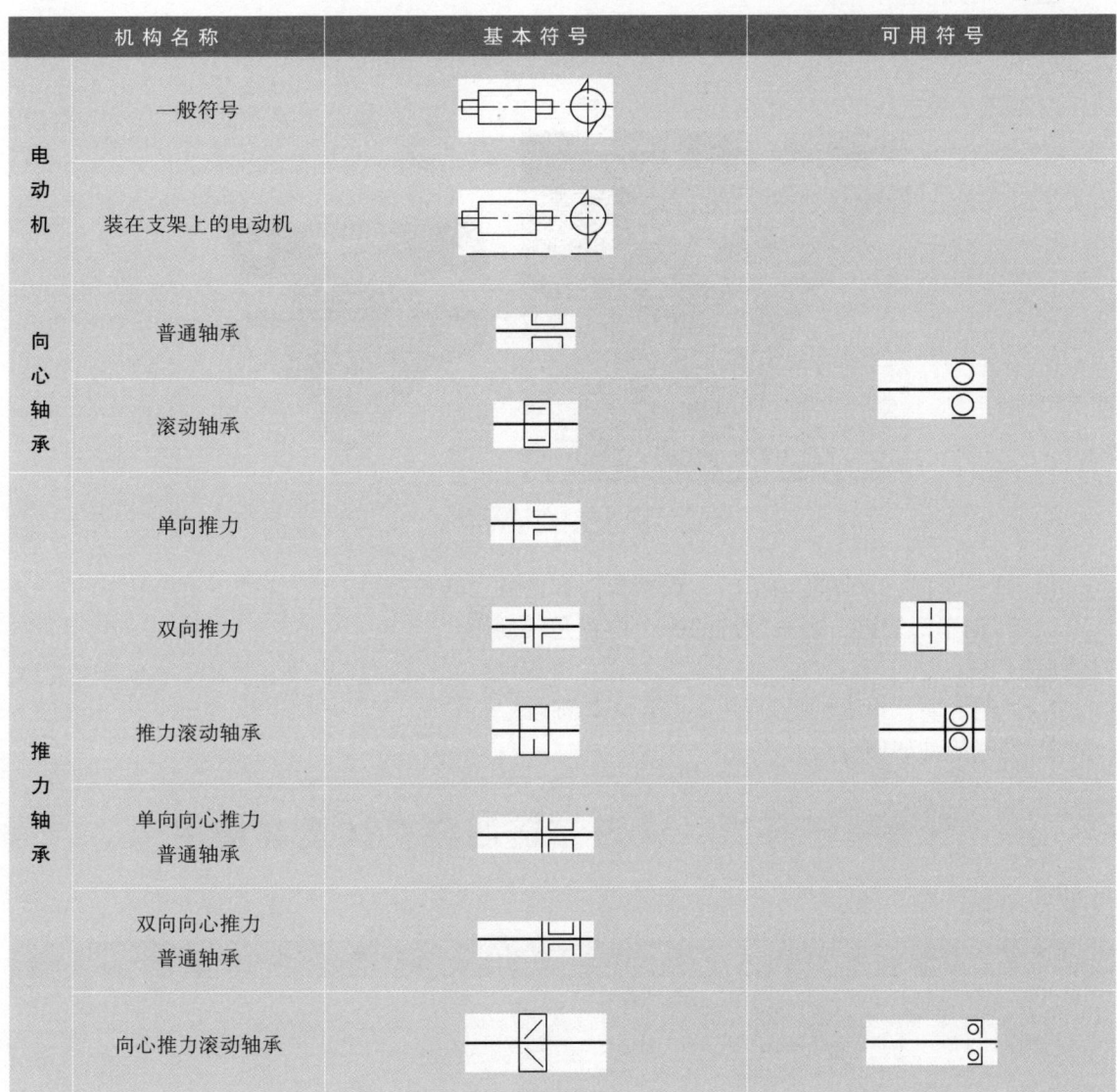

机构运动简图的绘制步骤如下：
1）分析机构的结构和运动情况，找出主动件、从动件和机架。
2）确定构件、运动副的类型和数目。
3）选择视图平面。通常选择平行于构件运动方向的平面作为视图平面。
4）选择合适的比例尺绘制机构运动简图。

【技能训练】

一、训练目的

能够判断出汽车相关零件对应的运动副。

二、训练器材

汽车门铰链一个、车辆一台。

三、训练内容

转动汽车门铰链（图2-9），分析为什么车门铰链形成的运动副是转动副。具体操作步骤如下：

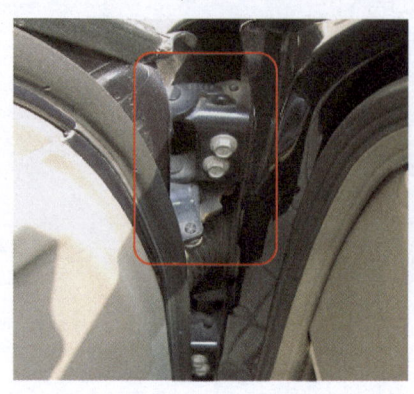

图2-9 汽车门铰链

1）打开车门，来回转动车门，观察车门铰链的运转情况。
2）转动车门铰链，观察铰链的哪个位置是转动副。

【课后练习】
1. 举例说明汽车上的低副结构（至少2例）。
2. 机械传动如何分类？

任务二 认识铰链四杆机构及其应用

【学习目标】

目标类型	目标要求
知识目标	1. 了解铰链四杆机构的组成和基本形式 2. 懂得铰链四杆机构中曲柄存在的条件 3. 了解铰链四杆机构在汽车上的应用
技能目标	通过自己制作汽车刮水器简化模型和火车驱动轮联动机构简化模型，加深对铰链四杆机构的认识
职业素养	1. 能根据工作任务需要，搜集、整理和学习相关资源信息并制订出工作计划，开展任务实施和总结 2. 具有良好的沟通能力、团队合作精神 3. 具有安全生产、成本节约、环境保护与节能的意识

【基本理论知识】

平面连杆机构是由刚性构件通过转动副或移动副相互连接而组成的，在同一平面或相互平行的平面内运动的机构。生产中广泛应用的最常见的平面连杆机构是由四个构件组成，用四个转动副相连的平面连杆机构，简称铰链四杆机构，它是平面四杆机构的基本形式，其他四杆机构都可以看成是在它的基础上演化而来的。

1. 铰链四杆机构的组成

如图 2-10 所示,在铰链四杆机构中,固定不动的杆 AD 为机架,与机架相连的杆 AB 与杆 CD 称为连架杆,连接两连架杆的杆 BC 为连杆。连架杆 AB 与 CD 通常绕自身的回转中心 A 和 D 回转,杆 BC 做平面运动。能做整周回转的连架杆称为曲柄,不能做整周回转的连架杆称为摇杆。

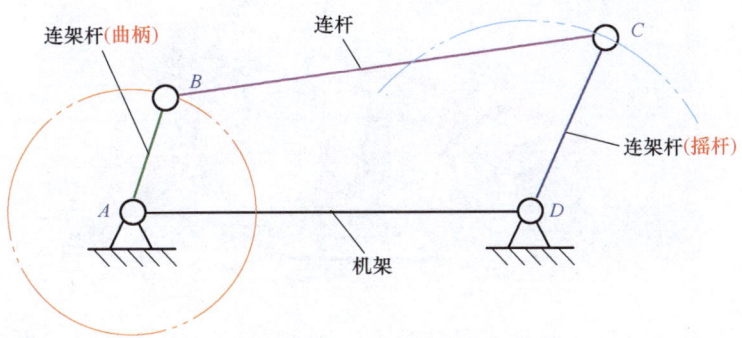

图 2-10 铰链四杆机构

铰链四杆机构的组成如下:

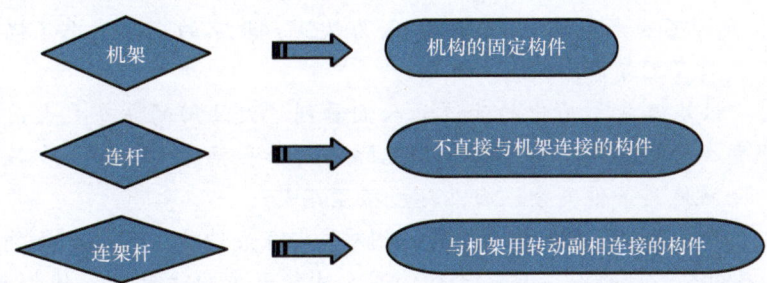

2. 铰链四杆机构的三种基本形式

在铰链四杆机构中,根据两个连架杆运动形式的不同,可将铰链四杆机构分为曲柄摇杆机构、双曲柄机构、双摇杆机构三种基本形式。

(1) 曲柄摇杆机构 具有一个曲柄和一个摇杆的铰链四杆机构称为曲柄摇杆机构,如图 2-11 所示。

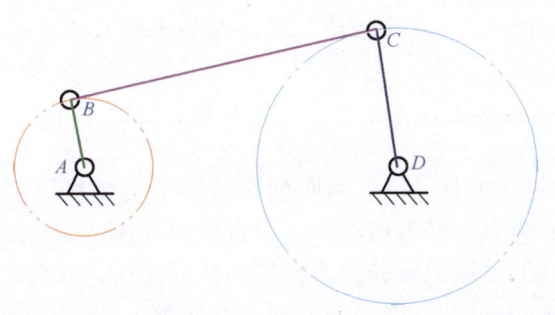

图 2-11 曲柄摇杆机构

【拓展阅读】

松辽惊雷，油出大庆

朝阳洒照，高铁疾驰，掠过龙凤湿地，一排排抽油机上下摆动，永不疲倦，这里是大庆油田有限责任公司。

抽油机俗称"磕头机"，是四杆机构在石油开采中的运用。我们所见高耸的钻机，游梁式抽油机，标注出了一个荒原上诞生的城市符号。

1949年，我国石油产量仅仅12万t，因为缺油，北京的汽车背上了煤气包，有的地方汽车甚至烧起了酒精和木炭。

1959年，"松基三井"喷出的油流让人们看到了大油田的希望之火，但一个火苗能否真正点燃整个松辽盆地，面前是一望无际的困难和挑战：缺经验少技术、钻井开发设备落后、油藏地质条件复杂、自然环境极度艰苦……

"这困难，那困难，国家缺油是最大的困难""有条件要上，没有条件创造条件也要上"。大庆石油人不信邪，不相信只有外国人才能开发出大油田，他们坚定地表示："我们有能力找到大油田，也一定能够开发好大油田。"

以铁人王进喜为代表的中国石油工人和知识分子，头顶蓝天、脚踏荒原，创下高速度高水平开发建设世界级特大油田的奇迹。到1963年年底，大庆油田累计生产原油1155万t，我国石油因此实现基本自给，一举甩掉了中国"贫油"的帽子，真正为国家争了光，为民族争了气。

王进喜以"宁肯少活20年，拼命也要拿下大油田"的气概，带领石油工人为我国石油工业发展顽强拼搏，"铁人精神""大庆精神"成为激励各族人民意气风发投身社会主义建设的强大精神力量。

摘选：大庆精神铁人精神：创业路上奋斗不息；光明日报；2021年02月03日

曲柄摇杆机构的特点是，两个连架杆中，一个为曲柄，另一个为摇杆。它的运动特点是，曲柄和摇杆可分别做主动件，相应另一杆为从动件。通常曲柄等速转动，摇杆做变速往复摆动。在实际应用中，多是将曲柄的整周回转转变为摇杆的往复摆动，如汽车前风窗玻璃刮水器、雷达天线调整机构，如图2-12和图2-13所示。对于刮水器，CB为机架，而CD为曲柄，它绕C做整周转动。刮水器是BA及其延伸部分，它作为摇杆来回摆动，从而起到擦拭玻璃的作用。对于雷达天线调整机构，构件 AB 可做整周转动，是曲柄；连架杆 DC 及其附带的天线成一体作为摇杆在一定范围内摆动，从而改变天线仰角。

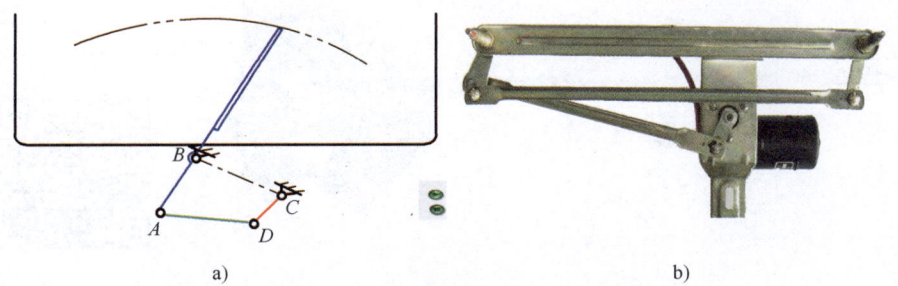

图 2-12　汽车前风窗玻璃刮水器
a）简图　b）应用

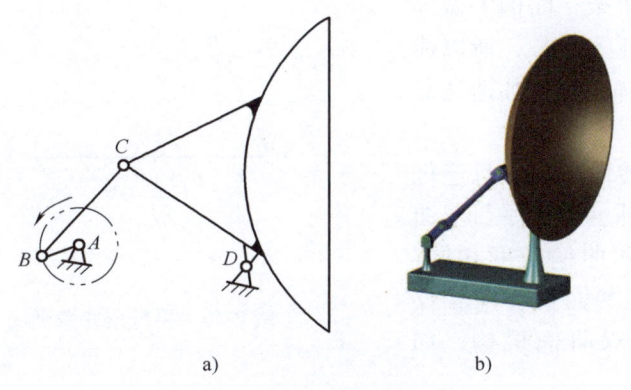

图 2-13　雷达天线调整机构
a）简图　b）建模

（2）双曲柄机构　两个连架杆均为曲柄的铰链四杆机构称为双曲柄机构，如图 2-14 所示。

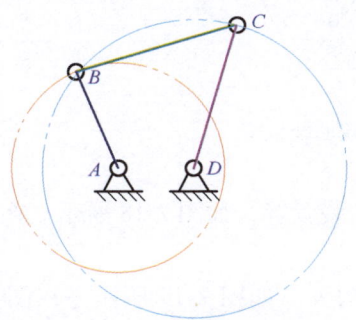

图 2-14　双曲柄机构

双曲柄机构的特点是两个连架杆都为曲柄；它的运动特点是，主动曲柄做等速转动，从动曲柄一般做变速回转（也可做等速转动）。

1）当两曲柄长度不相等时，主动曲柄等速转动，从动曲柄变速转动，这样的双曲柄机构在实际中的应用有惯性筛等，如图 2-15 所示。

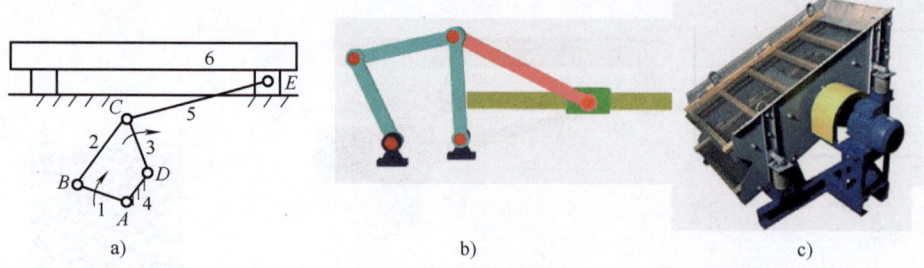

图 2-15　惯性筛机构
a）简图　b）建模　c）应用

在图 2-15a 中，构件 4 为机架，曲柄 1 做等速回转运动，因曲柄 3 与曲柄 1 不等长，所以曲柄 3 做变速回转运动，从而使筛子 6 做加速往复运动，起到筛的作用。

2）当两曲柄长度相等、转向相同，且连杆与机架的长度相等时，双曲柄机构称为平行双曲柄机构，如图 2-16 所示。当两曲柄长度相同，连杆与机架的长度也相等，但两曲柄转向相反时，双曲柄机构被称为反向双曲柄机构，如图 2-17 所示。

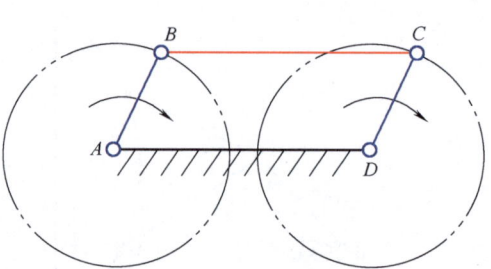

图 2-16　平行双曲柄机构

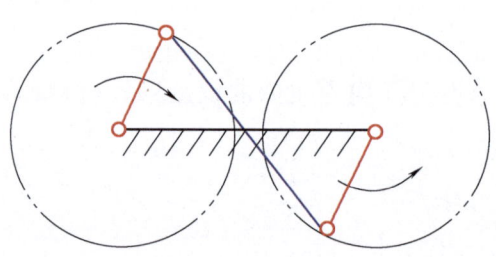

图 2-17　反向双曲柄机构

平行双曲柄机构的实际应用有火车车轮联动装置等，如图 2-18 所示。在图 2-18a 中，曲柄 AB 与曲柄 DC 的转动状态保持相同。

反向双曲柄机构的实际应用有车门启闭机构等，如图 2-19 所示。在图 2-19a 中，曲柄 AB 与曲柄 DC 的长度相等，但它们的转动方向相反。

（3）双摇杆机构　两个连架杆均为摇杆的铰链四杆机构称为双摇杆机构，如图 2-20 所示。

双摇杆机构的特点是两个连架杆均为摇杆，它在实际中的应用有汽车前轮转向机构、飞机起落架、起重机吊臂和电风扇摇头机构等，分别如图 2-21～图 2-24 所示。

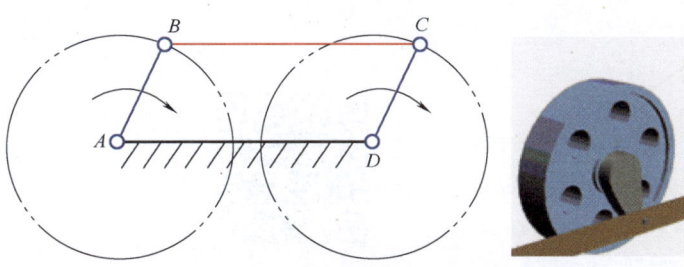

图 2-18 火车车轮联动装置
a）简图 b）建模 c）应用

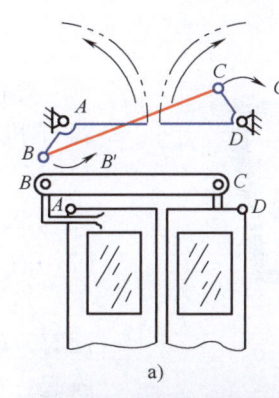

图 2-19 车门启闭机构
a）简图 b）建模 c）应用

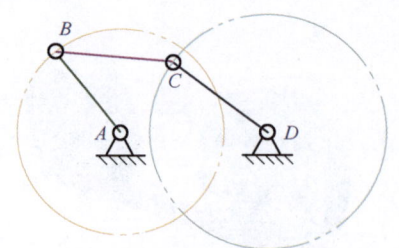

图 2-20 双摇杆机构

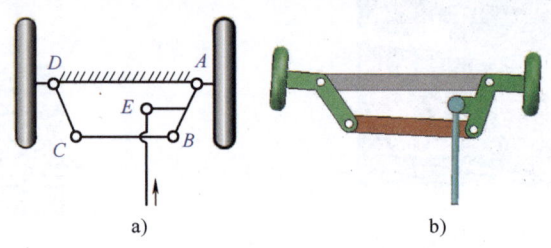

图 2-21 汽车前轮转向机构

四杆件构成等腰梯形，按箭头方向牵动摇杆 AB 的延伸端 E，可使两摇杆 AB、CD 同向摆动并带动两轮同时转向。

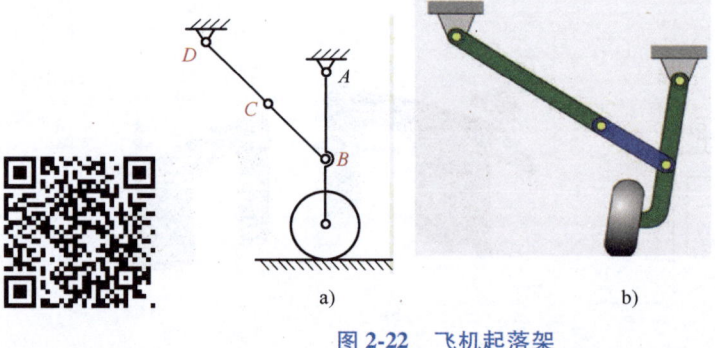

图 2-22 飞机起落架

飞机起落架的四杆机构中，AB 与 DC 均为摇杆。当飞机将要着落时，需将胶轮放下；当飞机飞离地面时，则需将胶轮收起。

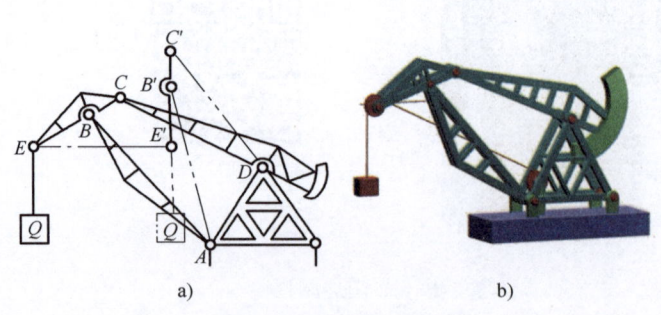

图 2-23 起重机吊臂

起重机吊臂机构中，$ABCD$ 构成双摇杆机构，杆 AD 是机架，杆 AB 和杆 DC 为摇杆，其中，摇杆 AB 为主动摇杆，连杆 BC 的外伸端点 E 做近似直线运动。

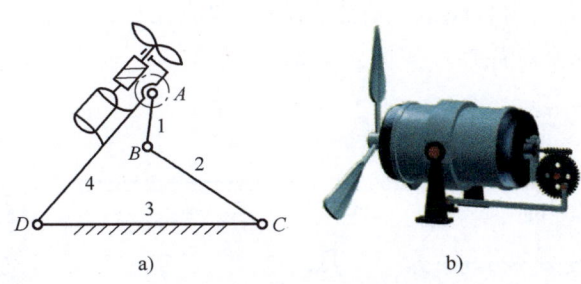

a)   b)

图 2-24　电风扇摇头机构

电风扇摇头机构中，电动机外壳 DA 为一个摇杆，蜗轮作为连杆 BA，构成双摇杆机构 $DABC$。

3. 铰链四杆机构中曲柄存在的条件

通过对铰链四杆机构的三种基本形式的分析可以看到，它们的区别在于有无曲柄和有几个曲柄。可以证明，要有曲柄存在，必须同时满足下列两个条件：

1）最短杆与最长杆长度之和小于或等于其余两杆长度之和。
2）连架杆或机架中至少有一根是最短杆。

根据曲柄存在的条件，判断铰链四杆机构基本类型的法则为：

1）若机构满足杆长之和条件，则：
① 以最短杆的相邻杆为机架时为曲柄摇杆机构，如图 2-25 所示。
② 以最短杆为机架时为双曲柄机构，如图 2-26 所示。
③ 以最短杆的对边为机架时为双摇杆机构，如图 2-27 所示。

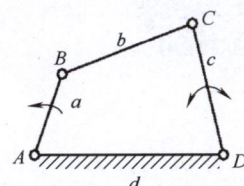   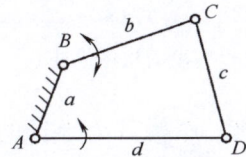   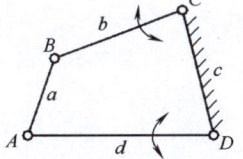

图 2-25　曲柄摇杆机构　　　图 2-26　双曲柄机构　　　图 2-27　双摇杆机构

2）若机构不满足杆长之和条件，则无论以哪个杆为机架均为双摇杆机构。

例：判断图 2-28 中的铰链四杆机构属于哪种基本形式。

解：图中最长杆 $AD=240$mm，最短杆 $AB=140$mm，则有

240mm+140mm<210mm+190mm

即 $AD+AB<BC+CD$

所以满足最长杆与最短杆长度之和小于或等于其余两杆长度之和的条件，而且图中以最短杆相邻的杆为机架，因此，该机构属于曲柄摇杆机构。

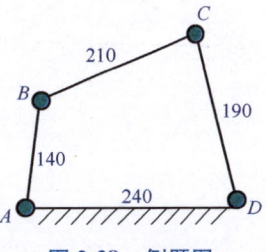

图 2-28　例题图

4. 铰链四杆机构的演化

在机械应用中，有很多形式不同的平面四杆机构，虽然它们在外形和构造上存在较大差别，但在运动特性上有很多类似的地方。其实，它们是通过不同方法由铰链四杆机构演化而来的，比如改变各杆相对长度、改变运动副形式、将连杆机构倒置等。

（1）曲柄滑块机构　曲柄滑块机构是曲柄摇杆机构的一种演化形式，它是将曲柄摇杆机构中摇杆的转动副转变为滑块的移动副而产生的，如图2-29所示。

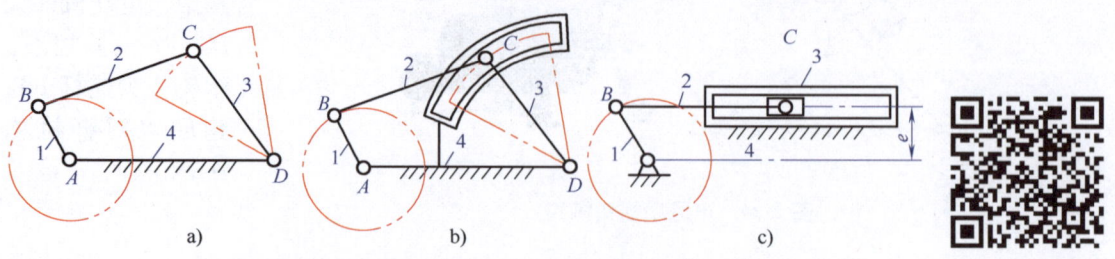

图 2-29　曲柄摇杆机构演化为曲柄滑块机构

曲柄滑块机构最典型的应用是汽车发动机中的曲柄连杆机构。曲柄连杆机构中的活塞（滑块）为主动件，活塞的往复直线运动通过连杆转换成曲轴（曲柄）的连续回转运动，从而将动力输出，如图2-30所示。

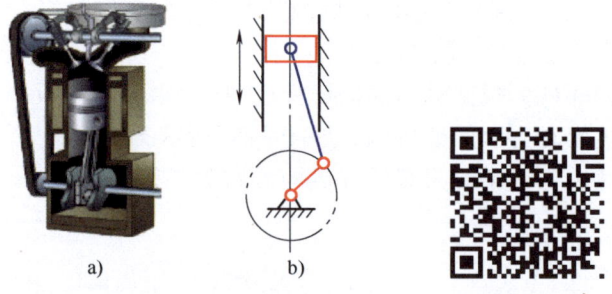

图 2-30　曲柄滑块机构在发动机中的应用

（2）导杆机构　连架杆中至少有一个构件为导杆的平面四杆机构称为导杆机构，它的应用有汽车自卸翻斗装置等，如图2-31所示。

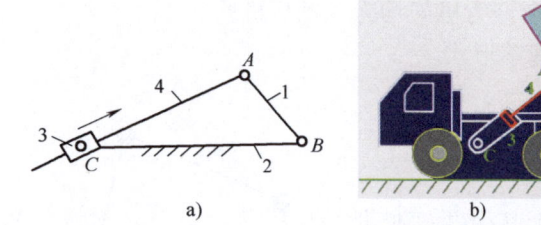

图 2-31　汽车自卸翻斗装置
a) 简图　b) 建模　c) 应用

【技能训练】
一、训练目的
通过自己制作汽车刮水器简化模型和火车车轮联动装置简化模型，加深对铰链四杆机构的认识。

二、训练器材

材料：若干塑料条、塑料块、木条、木块、小螺栓、螺母、垫片。

工具：钢直尺、钻子、螺钉旋具。

三、训练内容

参照图 2-12 所示的汽车前风窗玻璃刮水器和图 2-18 所示的火车车轮联动装置简化模型图，动手制作两者的模型，并分析它们存在的铰链机构情况。

注：本技能训练内容为模型制作，学生可分组以团队形式完成训练。

【课后练习】

1. 铰链四杆机构的基本形式有哪些？如何判定？
2. 举例说明铰链四杆机构在汽车上的应用。

任务三　认识凸轮机构及其应用

【学习目标】

目标类型	目标要求
知识目标	1. 知道凸轮机构的特点、组成、分类和应用 2. 了解凸轮机构在发动机配气机构中的作用
技能目标	观察发动机凸轮轴的运转情况并分析凸轮轴的工作原理
职业素养	1. 能根据工作任务需要，搜集、整理和学习相关资源信息并制订出工作计划，开展任务实施和总结 2. 具有良好的沟通能力、团队合作精神 3. 具有安全生产、成本节约、环境保护与节能的意识

【基本理论知识】

凸轮机构可以通过凸轮的曲线或凹槽的轮廓，实现从动件的移动和摆动等运动。在现代机械中，因凸轮机构结构简单、紧凑、设计方便，只要做出适当的凸轮轮廓，就能使从动杆得到任意预定的运动规律，使凸轮机构在机床、纺织机械、轻工机械、印刷机械、机电一体化装配中得到大量应用。

1. 凸轮机构的组成

凸轮机构是由凸轮、从动件和机架三部分组成的，如图 2-32 所示。

2. 凸轮机构的特点

（1）优点　能通过凸轮轮廓曲线的设计，实现从动件任意给定的运动规律，且结构简单、紧凑、易于设计、工作可靠。

（2）缺点　因凸轮与从动件之间为点或线接触，属于高副机构，不便于润滑，易磨损。因此，凸轮机构多用于传力不大的控制机构和调节机构。

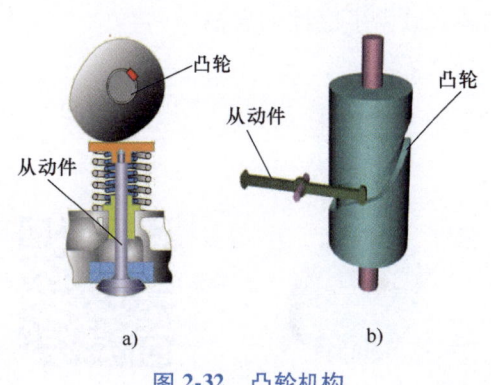

图 2-32　凸轮机构

3. 凸轮机构的分类

（1）按照凸轮的形状分类

1）盘形凸轮。盘形凸轮是一个径向尺寸发生变化，并绕固定轴线旋转的盘形构件，如图 2-33 所示。

2）移动凸轮。移动凸轮可看作转轴在无穷处的盘形凸轮的一部分，如图 2-34 所示。

图 2-33　盘形凸轮

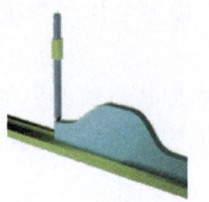
图 2-34　移动凸轮

3）圆柱凸轮。圆柱凸轮是一个在圆柱端面上做出曲线轮廓或在圆柱面上开有曲线凹槽的构件，如图 2-35 所示。

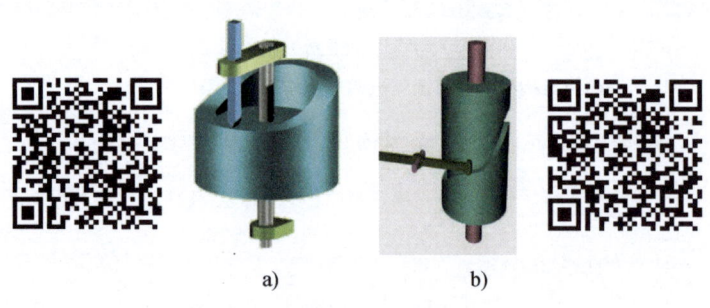
图 2-35　圆柱凸轮
a）端面曲线　b）曲线凹槽

（2）按照从动件的端部形状分类

1）尖顶式从动件。如图 2-36 所示，这种形式的从动件结构简单，从动杆能实现复杂的运动规律，但尖顶易磨损。

2）平底式从动件。如图 2-37 所示，这种形式的从动件受力平稳，且接触面间容易形成油膜，减少了摩擦和磨损。

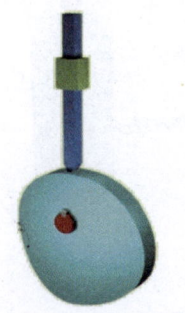
图 2-36　尖顶式从动件

图 2-37　平底式从动件

3）滚子式从动件。如图 2-38 所示，这种形式的从动件与凸轮间做滚动摩擦，摩擦阻力较小，磨损也较少，应用很广。

图 2-38　滚子式从动件

4. 凸轮机构的应用

凸轮机构在现代各类机械中应用广泛，如汽车发动机配气机构（图 2-39）、自动机床的进给机构（图 2-40）、对开印刷机（图 2-41）、圆珠笔笔芯装配线（图 2-42）、小型电影放映机（图 2-43）。

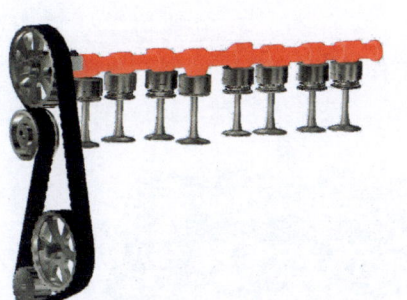

图 2-39　汽车发动机配气机构

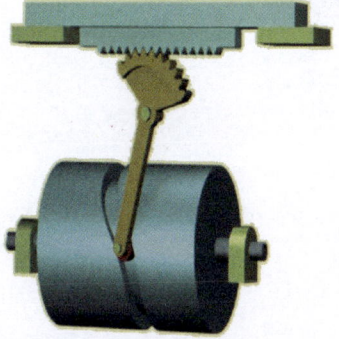

图 2-40　自动机床的进给机构

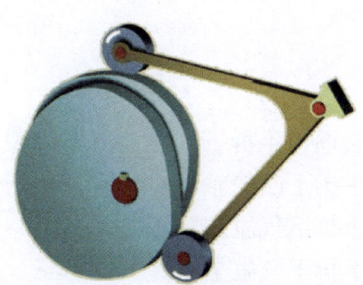

图 2-41　对开印刷机

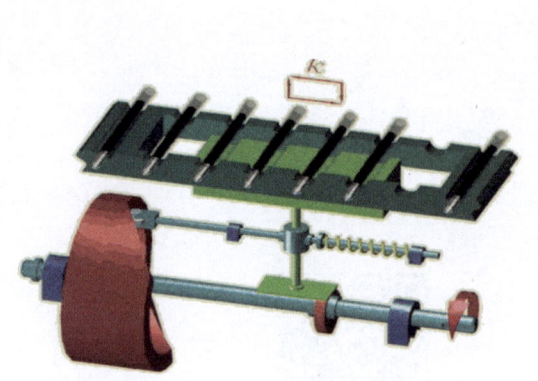

图 2-42 圆珠笔笔芯装配线　　图 2-43 小型电影放映机

【技能训练】

一、训练目的

观察发动机凸轮轴的运转情况，并分析凸轮轴的工作原理。

二、训练器材

带拆装工作架的拆装用发动机、零件车、套装拆装工具、抹布。

三、训练内容

教师指导学生拆下发动机气缸盖罩、气缸垫、上防溅板，然后由学生观察凸轮轴（图 2-44）的运转情况，并分析凸轮轴的工作原理。

图 2-44 发动机凸轮轴

具体操作步骤如下：

1）用套筒扳手拆下气缸盖罩紧固螺母。
2）用手拆下凸轮轴正时齿带护板。
3）用手拆下气缸盖罩压条。
4）用手拆下气缸盖罩。
5）用手取下气缸盖罩密封衬垫。
6）用手拆下上防溅板。

7）转动凸轮轴，分析凸轮轴的工作原理。

【课后练习】
1. 凸轮机构有哪些类型？
2. 平底式从动件和尖顶式从动件各有什么优缺点？

项目二练习题

一、填空题

1. 根据组成运动副两构件的接触形式不同，平面运动副可分为＿＿＿＿和＿＿＿＿。
2. 移动副是指两构件在接触处只能相对＿＿＿＿的运动副。
3. 汽车车门的铰链连接属于＿＿＿＿副。
4. 运动副是指组成各机构的各构件＿＿＿＿可动连接。在常用的汽车维修设备中，经常遇到的是＿＿＿＿运动副。
5. 高副是指两构件以＿＿＿＿接触的运动副，汽车中常见的高副接触形式有＿＿＿＿和＿＿＿＿。
6. 汽车上的双刮水器采用的是＿＿＿＿机构。
7. 按连架杆运动形式的不同，可将铰链四杆机构分为＿＿＿＿、＿＿＿＿和＿＿＿＿三种类型。
8. 两连架杆中，一个为＿＿＿＿，另一个为＿＿＿＿的铰链四杆机构称为曲柄摇杆机构；两连架杆均为＿＿＿＿的铰链四杆机构称为双曲柄机构；两连架杆均为＿＿＿＿的铰链四杆机构称为双摇杆机构。
9. 连架杆中至少有一个构件为导杆的平面四杆机构被称为＿＿＿＿。
10. 根据凸轮的形状分类，凸轮可分为＿＿＿＿凸轮、＿＿＿＿凸轮和＿＿＿＿凸轮等。
11. 根据从动件末端形状的不同，有＿＿＿＿从动件、＿＿＿＿从动件和＿＿＿＿从动件。
12. 凸轮机构是由＿＿＿＿、＿＿＿＿和＿＿＿＿三个基本构件组成的。

二、判断题

（　　）1. 汽车中的主减速器属于高副。
（　　）2. 齿轮机构中啮合的齿轮组成高副。
（　　）3. 根据运动副中两构件之间的接触形式不同，运动副可以分为低副和高副。
（　　）4. 高副是点或线接触的运动副，所以它承受载荷时单位面积上的压力较小。
（　　）5. 汽车的车门铰链属于移动副。
（　　）6. 两构件直接接触而组成的连接就是运动副。
（　　）7. 连架杆中有一个构件为导杆的平面四杆机构被称为导杆机构。
（　　）8. 公交车车门上运用的是反向双曲柄机构。
（　　）9. 在内燃机中应用的曲柄滑块机构，曲柄为主动件。
（　　）10. 曲柄摇杆机构中的曲柄和连杆都属于连架杆。

（　　）11. 径向廓线尺寸发生变化并绕其轴线旋转的凸轮，称为盘形凸轮。
（　　）12. 凸轮机构在许多自动化或半自动化机械中应用十分广泛。
（　　）13. 尖顶从动杆与凸轮的接触摩擦力较小，所以可用于传递较大动力的高速凸轮机构。
（　　）14. 轮廓曲线位于圆柱端部并绕其轴线旋转的凸轮，称为移动凸轮。

三、选择题

1. 凸轮机构中，凸轮与从动件之间的连接属于_____。
   A. 移动副　　　　B. 转动副　　　　C. 螺旋副　　　　D. 高副
2. 两构件间为_____接触的运动副称为低副。
   A. 面与面　　　　B. 点或线　　　　C. 面与点　　　　D. 面与线
3. 两构件之间为点接触或线接触的运动副是_____。
   A. 螺旋副　　　　B. 转动副　　　　C. 移动副　　　　D. 高副
4. 内燃机中活塞与连杆间的连接属于_____，活塞与缸壁间的连接属于_____。
   A. 移动副　　　　B. 转动副　　　　C. 螺旋副　　　　D. 高副
5. 能够实现回转运动与直线往复运动转换的平面四杆机构是_____。
   A. 曲柄摇杆机构　B. 曲柄滑块机构　C. 导杆机构　　　D. 摇块机构
6. 曲柄滑块机构是_____的一种演化形式。
   A. 曲柄摇杆机构　B. 双曲柄机构　　C. 双摇杆机构　　D. 导杆机构
7. 公交车车门装置采用了_____机构。
   A. 曲柄摇杆机构　　　　　　　　　B. 平行双曲柄机构
   C. 反向平行双曲柄机构　　　　　　D. 双摇杆机构
8. 铰链四杆机构中与机架相连，只能在一定角度内摆动的构件是_____。
   A. 曲柄　　　　　B. 摇杆　　　　　C. 连杆　　　　　D. 机架
9. 在曲柄摇杆机构中，最短的构件是_____。
   A. 曲柄　　　　　B. 摇杆　　　　　C. 连杆　　　　　D. 机架
10. 凸轮机构中，_____常用于高速传动。
    A. 滚子从动杆　　B. 平底从动杆　　C. 尖底从动杆　　D. 曲面从动杆
11. 传递动力不大，且用于低速传动的是_____。
    A. 平底从动件　　B. 尖顶从动件　　C. 滚子从动件　　D. 曲面从动件
12. 可传递较大动力，但不宜用于高速传动的是_____。
    A. 平底从动件　　B. 尖顶从动件　　C. 滚子从动件　　D. 曲面从动件
13. 发动机凸轮机构中，主动件通常做_____。
    A. 等速转动或移动　B. 变速运动　　　C. 变速移动　　　D. 直线运动

项目三

汽车带传动、链传动和齿轮传动

【项目描述】

　　带传动、链传动和齿轮传动是汽车上的重要传动方式。汽车发电机、水泵可分别用 V 带、多楔带传动，发动机正时机构使用同步带传动或链传动，汽车变速器、主减速器用的是齿轮传动。本项目通过这三种传动方式的学习，让学生掌握带传动、链传动和齿轮传动的基本知识，了解它们的传动原理，体会这三种传动方式在汽车上的应用，为后面维修打下基础。同时，通过本项目的学习，可进一步增强学生对汽车机械基础这门课程的学习兴趣。

 任务一　认识带传动及其应用

【学习目标】

目标类型	目标要求
知识目标	1. 了解带传动的组成及分类 2. 了解带传动的特点及应用
技能目标	指出给定的发动机中各种带传动的类型，并拆下发动机的 V 带及正时带

目标类型	目标要求
职业素养	1. 能根据工作任务需要，搜集、整理和学习相关资源信息并制订出工作计划，开展任务实施和总结 2. 具有良好的沟通能力、团队合作精神 3. 具有安全生产、成本节约、环境保护与节能的意识

(续)

【基本理论知识】

带传动是利用张紧在带轮上的传动带与带轮的摩擦或啮合来传递运动或动力的一种机械运动。

1. 带传动的组成

带传动一般由主动轮、从动轮、张紧在主动轮与从动轮上的传动带以及机架组成，如图 3-1 所示。

2. 带传动的分类

带传动可根据不同的划分方式分为不同的类型。

1）根据传动原理的不同，带传动可分为摩擦型带传动和啮合型带传动两大类。

2）根据带的截面形状不同，带传动可分为平带传动、V 带传动、多楔带传动及圆带传动等类型。

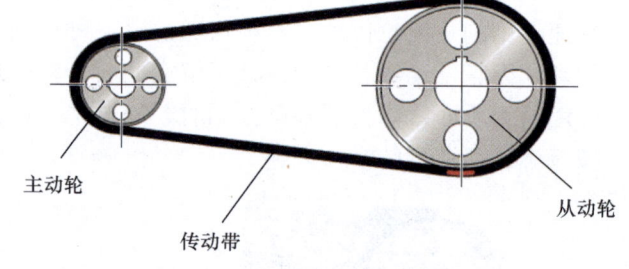

图 3-1 带传动的组成

3）根据用途不同，带传动可分为一般工业用带传动、汽车用带传动、农业机械用带传动和家用电器用带传动等。

（1）摩擦型带传动 平带传动、V 带传动、多楔带传动及圆带传动都属于摩擦型带传动。

1）平带传动。平带传动是由平带和带轮组成的摩擦传动，带的内侧面为工作面，如图 3-2 所示。平带的横截面为矩形，如图 3-3 所示。

图 3-2 平带传动

平带的带体薄、软、轻，具有良好的耐弯曲性能，适用于小直径带轮传动。高速运行时，带体容易散热，传动平稳。平带的应用很广泛，常见的有压面机、碾米机、抽水机、大

理石切割机、流水线输送带等各类机械传送带。

2）V带传动。V带传动是由V带和V带轮组成的摩擦传动，如图3-4所示。

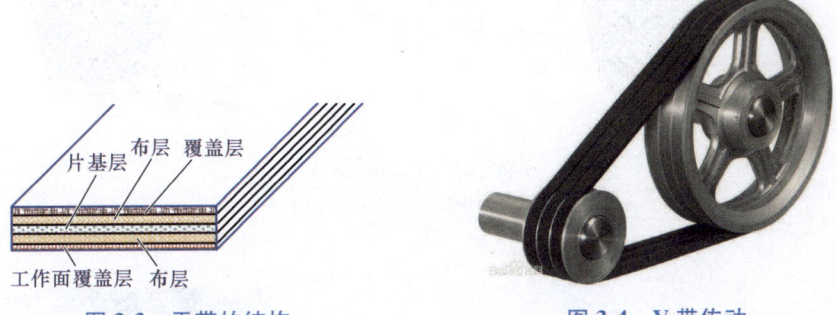

图3-3　平带的结构　　　　　　　　图3-4　V带传动

V带是横截面为等腰梯形或近似为等腰梯形的传动带，而V带轮上做成相应的梯形轮槽，如图3-5所示。V带安装在V带轮的梯形槽内，传动时，V带只与轮槽的两个侧面接触，即V带的两侧面为工作面，带的底面不与V带轮接触。根据槽面摩擦原理，在同样的张紧力下，V带传动较平带传动能产生更大的摩擦力，且V带传动通常是多根带同时工作，所以与平带传动相比，其传动能力更强，结构更紧凑，因此V带传动得到了广泛的应用。V带传动在部分汽车上用来连接发电机和曲轴正时齿轮，如图3-6所示。

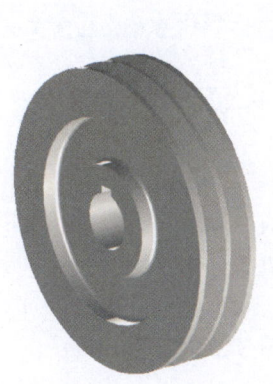 

图3-5　V带轮　　　　　　　　　　图3-6　V带传动

V带的结构分为帘布结构和线绳结构两种，两种结构都由伸张层、强力层、压缩层和包布层组成，如图3-7所示。强力层主要用来承受拉力，伸张层和压缩层在弯曲时起伸张和压缩作用，包布层的作用主要是增强带的强度。

3）多楔带传动。多楔带是以平带为基体，内表面排布有等间距纵向梯形楔的环形传动带，其工作面为梯形楔的侧面，如图3-8所示。

多楔带兼有V带和平带的优点，既有平带柔软、韧性好的特点，又有V带结构紧凑、高效率的优点，所以应用非常广泛。在部分汽车中，多楔带应用于曲轴与水泵之间的传动，如图3-9所示。多楔带的主要特点如下：

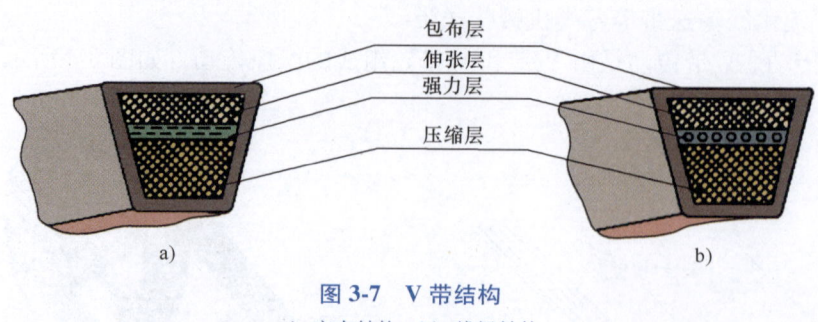

图 3-7　V 带结构

a) 帘布结构　b) 线绳结构

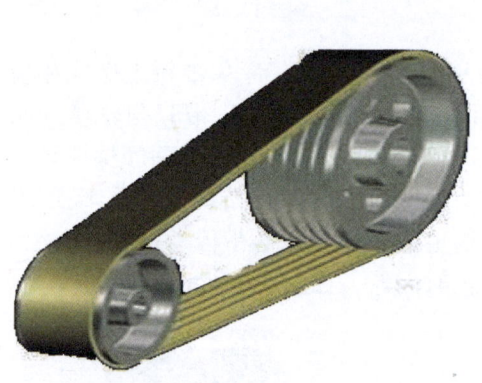

图 3-8　多楔带传动

图 3-9　多楔带在汽车上的应用

① 带体为整体，避免了多根 V 带传动时可能出现的长短不一情况。

② 空间相同时，可比普通 V 带的传动功率提高 30%。

③ 适用于高速传动，运转平稳、发热少。

4）圆带传动。圆带的横截面为圆形，常用皮革制成，也可选用绳和锦纶等材料制成。圆带只适用于低速、轻载的传动场合，如放映机、缝纫机等。

（2）啮合型带传动（同步带传动）　啮合型带传动也称为同步带传动，它是靠传动带上的齿与带轮上齿槽的啮合作用来传递运动和动力的，如图 3-10 所示。

图 3-10　啮合型带传动

啮合型带（同步带）上的齿与带轮的齿槽相互啮合，所以带与带轮之间没有相对滑动，从而可实现同步传动。啮合型带传动相对于摩擦型带传动，具有不打滑、传动比准确等优点。同步带传动在汽车发动机上的应用如图3-11所示。

3. 带传动的张紧

根据前面学习的摩擦原理可知,传动带必须在预张紧且达到合适的张紧程度之后,才能正常发挥作用。一般情况下,带的张紧程度以大拇指按下10~15mm为宜,如图3-12所示。

图3-11 同步带传动在汽车发动机上的应用　　图3-12 带的张紧程度

另外,带传动由于长期受到拉力作用,会产生永久变形而伸长,导致带逐渐变得松弛,张紧力逐渐变小,致使传动能力下降,甚至无法传动,因此必须将带重新张紧。带传动常用的张紧方法有两种:一是调整中心距法,二是张紧轮法。

(1) 调整中心距法

1) 定期张紧。定期张紧是指通过人工旋转调节螺钉增大或减小中心距,从而达到张紧或放松传动带的目的,如图3-13所示。

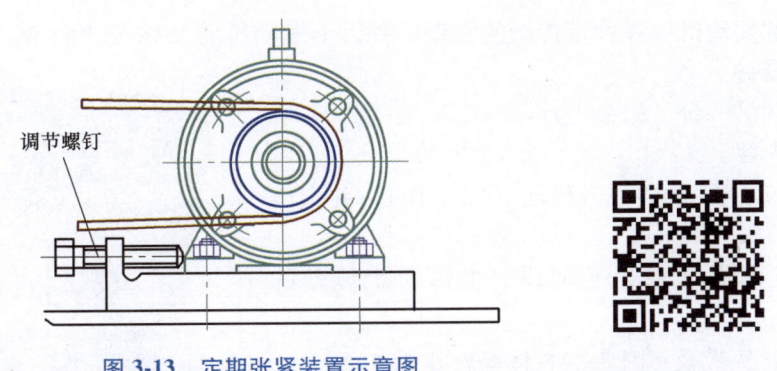

图3-13 定期张紧装置示意图

2) 自动张紧。自动张紧是指利用机件自身的重力,使机件绕铰点A摆动,拉大中心距,从而达到自动张紧的目的,如图3-14所示。

(2) 张紧轮法　张紧轮法是指采用张紧轮实现定期张紧或自动张紧的目的,张紧轮一般应放在松边的内侧,如图3-15所示。

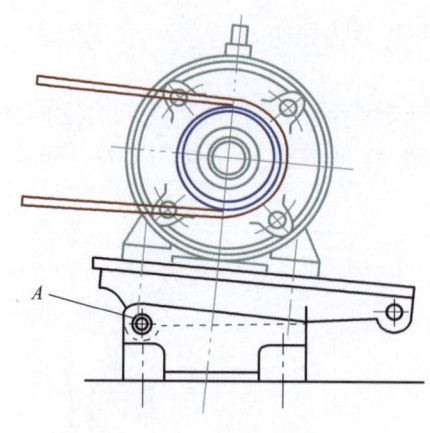

图 3-14 自动张紧装置

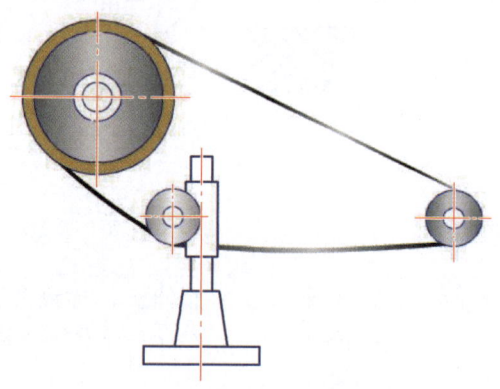

图 3-15 张紧轮法

【技能训练】

一、训练目的

指出给定的发动机中各种带传动的类型，并拆下发动机的 V 带及正时带。

二、训练器材

训练用发动机一台、相关工具。

三、训练内容

1) 找出发动机中的各类带传动（图 3-16），并指出其类型。

2) 拆下发动机 V 带及正时带，加深对带传动的认识。

拆下发动机 V 带及正时带的具体操作步骤如下：

① 用呆扳手拧松发动机支承臂的调整螺栓。

② 用手取下发动机上的水泵 V 带。

③ 用内六角扳手拧松水泵 V 带轮紧固螺栓。

④ 用内六角扳手拧下水泵 V 带轮紧固螺栓。

⑤ 用手取下水泵 V 带轮。

图 3-16 发动机中的各类带传动

⑥ 用内六角扳手拧松曲轴 V 带轮紧固螺栓。
⑦ 用内六角扳手拧下曲轴 V 带轮紧固螺栓。
⑧ 用手取下曲轴 V 带轮。
⑨ 用手松开弹簧夹子。
⑩ 用手拆下正时带上护罩。
⑪ 用呆扳手拧下正时带下护罩紧固螺母。
⑫ 用内六角扳手拆下正时带下护罩紧固螺栓。
⑬ 用手取下正时带下护罩。
⑭ 用呆扳手拧松正时带张紧轮紧固螺栓。
⑮ 用手拆下正时带。

【课后练习】
1. 简述带传动的组成和分类。
2. 多楔带传动相对于平带传动有哪些优点？

任务二　认识链传动及其应用

【学习目标】

目标类型	目标要求
知识目标	1. 了解链传动的组成和分类 2. 了解链传动的应用场合 3. 掌握链传动的张紧、安装与维护
技能目标	了解汽车发动机的正时链传动系统及其传动特点
职业素养	1. 能根据工作任务需要，搜集、整理和学习相关资源信息并制订出工作计划，开展任务实施和总结 2. 具有良好的沟通能力、团队合作精神 3. 具有安全生产、成本节约、环境保护与节能的意识

【基本理论知识】

链传动是由链条和具有特殊齿形的链轮组成的传递运动或动力的传动方式。

1. 链传动的组成和工作原理

链传动由主动链轮、从动链轮和环绕在链轮上的链条组成，如图 3-17 所示。

当链条环绕在链轮上时，链条与链轮的轮齿互相啮合，若主动链轮回转，则通过啮合力带动从动链轮回转，从而实现运动和动力的传递。

2. 链传动的特点

（1）优点

1）链传动的结构简单，安装方便，成本低廉。
2）没有滑动现象，能保持准确的平均传动比，且传递的功率较大、效率较高。
3）链条不需太大的张紧力，对轴压力较小。
4）传动中心距适用范围较大，能在高温、多尘、油污等恶劣的条件下工作。

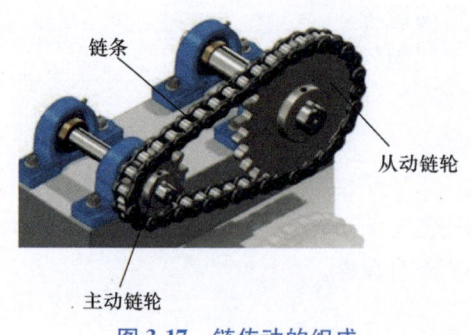

图 3-17 链传动的组成

(2) 缺点

1) 工作时容易上下抖动，噪声较大，不宜用于载荷变化大、高速和急速反转的场合。

2) 链传动的瞬时传动比不恒定，传动平稳性较差。

3. 链传动的类型

根据用途的不同，链传动分为传动链、牵引链和起重链。传动链主要用来传递动力，也可用于输送场合，应用范围最广；牵引链主要用在运输机械中移动重物；起重链主要用在起重机中提升重物，兼作缓慢移动。根据结构的不同，常用的传动链又可分为滚子链和齿形链，如图 3-18 和图 3-19 所示。

图 3-18 滚子链

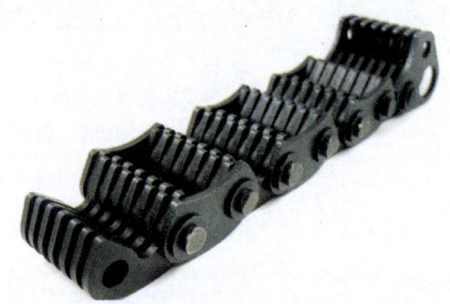

图 3-19 齿形链

(1) 滚子链　滚子链的结构如图 3-20 所示，它由内链板、外链板、销轴、套筒和滚子组成。

外链板与销轴之间、内链板与套筒之间都为过盈配合，这样使外链板与销轴构成一个个外链节，内链板与套筒则构成一个个内链节；销轴与套筒、套筒与滚子之间都为间隙配合。当内、外链节间相对曲伸时，套筒可绕销轴自由转动。

链板制成"∞"形，是为了使链板各横截面所承受的强度趋于相等，同时也可以减轻链的重量。

链条上相邻两销轴中心的距离称为节距，用 p 表示。节距 p 是滚子链的主要参数，其值越大，链条各零件的尺寸越大，所能传递的功率也越大。当链轮齿数 z 一定时，节距 p 越大，则链轮直径越大。为减小链轮直径，当载荷较大时，可用节距较小的双排链（图 3-21）或多排链，但由于制造和安装精度的影响，各排载荷分布不易均匀，所以排数不宜过多。

(2) 齿形链　齿形链是一种应用广泛的重要机械基础件，主要用在高速、重载、低噪声、大中心距的工况下，其传动性能优于同步带传动和滚子链传动，但其结构复杂、价格高。

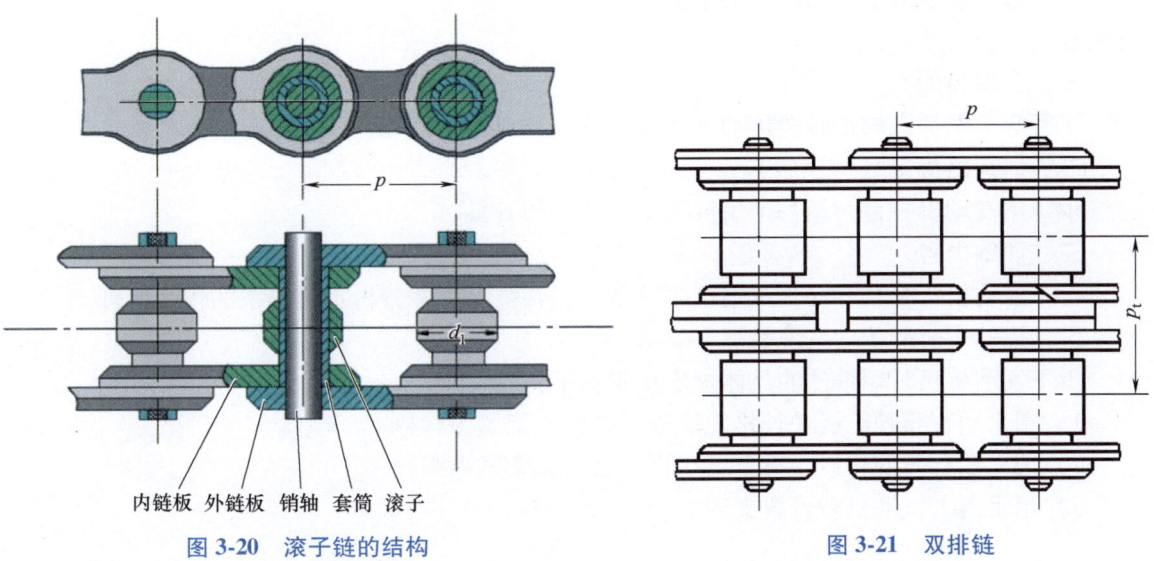

图 3-20　滚子链的结构　　　　　　　　图 3-21　双排链

4. 链传动的失效形式

链传动的失效形式有链的疲劳破坏、链条铰链的磨损、链条铰链的胶合以及链条的静力拉断。图 3-22 所示为链传动常见的失效状态。

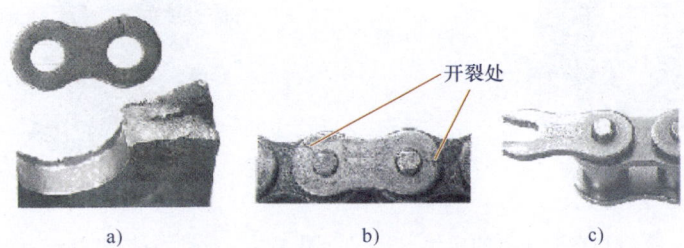

图 3-22　链传动常见的失效状态
a）链板疲劳断裂　b）链板开裂　c）链板静力拉断

5. 链传动的润滑

良好的润滑能减少链传动的摩擦和磨损，能缓和冲击、帮助散热。链传动的润滑方式主要有以下几种：

（1）人工润滑　人工润滑是指用油壶或刷子定期在链板上注油。

（2）浸油润滑　浸油润滑是指采用不漏油的外壳，使链条在油槽中通过。

（3）飞溅润滑　飞溅润滑是指采用不漏油的外壳，在链轮侧边安装甩油盘。

（4）压力供油　压力供油是指采用油泵强制供油，使润滑油在设备内部形成油路并不断循环。

6. 链传动在汽车上的应用

因链传动具有结构紧凑、传递功率高、可靠性与耐磨性高、终身免维护等显著优点，目前国内外很多汽车公司都将链传动用于其发动机正时传动系统和机油泵传动系统，如图 3-23 所示。相对于传统的正时带，链传动的噪声一般稍大一些，但随着技术的进步，目前有些汽车上采用了齿形静音链条，其噪声甚至低于正时带。

【技能训练】

一、训练目的

了解汽车发动机的正时链传动系统及其传动特点。

二、训练器材

训练用发动机一台、相关常用拆装工具和专用工具。

三、训练内容

拆下发动机正时端零件，观察正时链条的运转情况，并分析正时链条的传动原理。

发动机的正时链传动系统如图3-24所示。

拆下发动机正时端零件的具体操作步骤如下：

1）用六角套筒棘轮扳手拧松发动机右悬置支架紧固螺栓。

2）用六角套筒棘轮扳手拆下发动机右悬置支架紧固螺栓。

3）用手拆下发动机右悬置支架。

图3-23 链传动在汽车上的应用

图3-24 发动机的正时链传动系统

4）用专用工具机油滤清器棘轮扳手拆下机油滤清器。

5）用六角套筒棘轮扳手拆下机油滤清器座。

6）用六角套筒棘轮扳手拧松机油滤清器支架紧固螺栓。

7）用六角套筒棘轮扳手拆下机油滤清器支架紧固螺栓。

8）用手拆下机油滤清器支架。

9）用手拆下两个机油滤清器O形密封圈。

10）用六角套筒棘轮扳手拧松1号链条（图3-24）张紧器紧固螺母。

11）用六角套筒棘轮扳手拆下1号链条张紧器紧固螺母。

12）用手拆下支架。

13）用手拆下1号链条张紧器总成及衬垫。

14）用六角套筒棘轮扳手对角拧松正时链条盖紧固螺栓。

15）用六角套筒棘轮扳手拆下正时链条盖紧固螺栓。

16）用头部缠有保护性胶带的一字螺钉旋具拆下正时链条盖分总成。

17）用手拆下三个正时链条盖 O 形密封圈。
18）用手拆下链条张紧器导板。
19）用六角套筒棘轮扳手拧松 1 号链条振动阻尼器紧固螺栓。
20）用六角套筒棘轮扳手拆下 1 号链条振动阻尼器紧固螺栓。
21）用手拆下 1 号链条振动阻尼器。

【课后练习】
1. 链传动的工作原理是什么？
2. 链传动有什么优缺点？
3. 试举例说明链传动在生活中的应用。

任务三　认识齿轮传动及其应用

【学习目标】

目标类型	目标要求
知识目标	1. 了解齿轮传动的类型和各自的特点 2. 了解齿轮的结构名称和基本参数 3. 了解齿轮传动的原理和正确啮合条件 4. 了解常见齿轮传动在汽车上的应用
技能目标	观察汽车变速器齿轮连接情况，了解齿轮传动的工作原理，加深对齿轮传动知识的掌握，并懂得齿轮传动在汽车上的运用
职业素养	1. 能根据工作任务需要，搜集、整理和学习相关资源信息并制订出工作计划，开展任务实施和总结 2. 具有良好的沟通能力、团队合作精神 3. 具有安全生产、成本节约、环境保护与节能的意识

【基本理论知识】

齿轮传动是利用齿轮副来传递运动和动力的一种机械传动，它是应用最广泛的一种传动形式。

1. 齿轮传动的原理

现以一组外啮合的直齿圆柱齿轮传动为例，说明齿轮传动的原理。如图 3-25 所示，两齿轮的外圆柱上都加工有轮齿，它们一个为主动齿轮，另一个为从动齿轮，两齿轮相互啮合并与机架一起形成齿轮传动机构。当主动齿轮转动时，运动和动力通过直接啮合的轮齿传递给从动齿轮，从而带动从动齿轮转动。

图 3-25　直齿圆柱齿轮传动

【拓展阅读】

王立鼎的齿轮人生

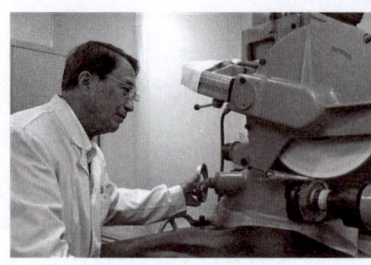

王立鼎，精密机械和微纳机械专家，中国科学院院士，大连理工大学教授、博士生导师。

王立鼎第一次接触齿轮研究来源于自己的毕业论文，也正因为这篇论文他被分配到长春光学精密机械与物理研究所，开始了他的科研工作。刚工作不久，王立鼎就接到了一项艰巨的军工项目，需要研究导弹的弹道轨迹，并用光学仪器跟踪飞行物。当时需要6级到5级精度的齿轮，王立鼎在数日的刻苦攻关后圆满完成了此项任务。同时，他又对自己提出更高要求，产生了研制标准齿轮的想法。

标准齿轮是齿轮参数量值传递的实体基准，用于批量生产齿轮的检测、校准齿轮量仪的示值误差，因此标准齿轮的精度需要比被检测齿轮的精确度还要高两个等级。

经过反复尝试，王立鼎通过创立"正弦消减法"提高齿轮磨床的分度精度，建立图表法分析磨齿工艺误差，使分度误差从50角秒减小到13角秒。毕业仅仅四年，还是助理研究员的王立鼎就研制出了4级精度标准齿轮，达到当时国内先进水平。

"科研要为祖国解决突出的重大需求问题，中国需要超精密齿轮，哪怕只需要一个，我们也要能自己做出来。"多年来，为了在齿轮技术上不被国外"卡脖子"，王立鼎屡次谢绝其他具有更高经济收益领域的邀约，始终深耕于超精密齿轮研究，并想方设法，一再提高齿轮的加工精度。

2017年，王立鼎带领团队成功研制出1级精度基准标准齿轮，中国计量测试学会、中国机械工业联合会与中国机械工程学会分别组织国内权威专家对其研究成果进行鉴定。鉴定结果认为，王立鼎团队研究的1级精度基准齿轮齿廓偏差测量技术居国际领先水平，齿距偏差测量技术达到国际先进水平；研制的精化磨齿母机、超精密磨齿工艺，以及研制的1级精度基准级标准齿轮，其综合技术具有国际前列水平，精度指标国际领先。该项技术具有全部自主知识产权，填补了国内外1级精度齿轮制造工艺技术与测量方法的空白。

"无奋斗，不青春。我的身体年龄已经八十五岁，但我的心依然年轻。"在王立鼎看来，一个人的青春能有多长，取决于他奋斗的脚步是否停歇。这就是勇攀高峰、敢为人先的创新精神，更是科学家精神的生动体现。

摘选：王立鼎的齿轮人生；光明日报；2019-11-22

2. 齿轮传动的特点

齿轮传动是现代机械中应用最广泛的一种机械传动,它有以下明显特点:

(1) 优点

1)结构紧凑,工作可靠,效率高,使用寿命长。

2)能保证恒定的传动比,传递功率大。

3)适用的速度范围大,可用来传递任意两轴间的运动和动力。

(2) 缺点

1)制造和安装费用较高。

2)低精度齿轮传动的振动和噪声较大。

3)不宜用于轴间距离过大的传动。

3. 齿轮传动的类型

齿轮传动的类型很多,可按不同的方法进行分类,常见的分类方法有下面三种:①按两齿轮的啮合方式,可分为外啮合齿轮传动、内啮合齿轮传动、齿轮齿条啮合传动;②按轮齿的齿向,可分为斜齿、直齿、人字齿、曲齿;③按两齿轮的轴线位置,可分为平行轴齿轮传动、相交轴齿轮传动、交错轴齿轮传动。齿轮传动的这三种分类见表3-1。

表 3-1 齿轮传动的分类

按轴线位置分类	按齿形分类	齿轮传动示意图	动画演示
平行轴传动	斜齿圆柱齿轮传动	内啮合传动	
		外啮合传动	
		齿轮齿条啮合传动	
	直齿圆柱齿轮传动	内啮合传动	

（续）

按轴线位置分类	按齿形分类		齿轮传动示意图	动画演示
平行轴传动	直齿圆柱齿轮传动	外啮合传动		
		齿轮齿条啮合传动		
	人字齿轮传动			
相交轴传动	直齿锥齿轮传动			
	斜齿锥齿轮传动			
	曲线齿锥齿轮传动			
交错轴传动	交错轴斜齿轮传动			
	蜗杆传动			

4. 渐开线齿轮的基本知识

（1）渐开线齿轮的形成　如图 3-26a、b 所示，当一直线沿半径为 r_b 的圆做纯滚动时，该直线上任一点 K 的轨迹称为该圆的渐开线，该圆称为渐开线的基圆，直线 x—x 称为渐开线的发生线，角 θ_K 称为渐开线 AK 段的展角。

齿轮的齿形由渐开线和过渡线组成时，该齿轮就是渐开线齿轮，如图 3-26c 所示。

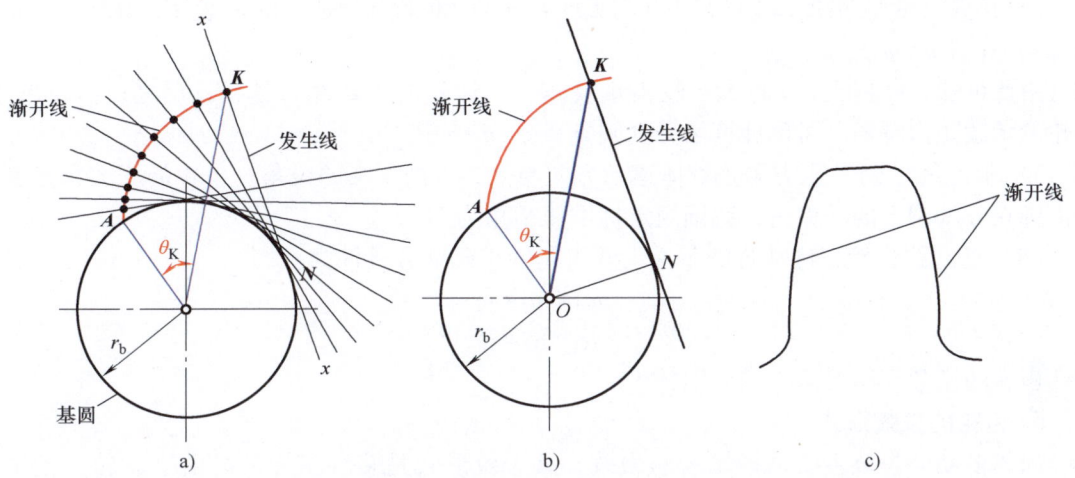

图 3-26　渐开线的形成和渐开线齿廓

渐开线有以下性质：

1）发生线在基圆上滚过的线段长度 KN 等于基圆上被滚过的圆弧长度 $\overset{\frown}{AN}$，即 $KN=\overset{\frown}{AN}$。

2）渐开线上任一点的法线切于基圆。

3）切点 N 为渐开线上在点 K 处的曲率中心，NK 为 K 点处的曲率半径。

4）基圆以内没有渐开线。

（2）渐开线直齿圆柱齿轮各部分的名称　渐开线直齿圆柱齿轮各部分的名称和符号如图 3-27 所示。

1）齿顶圆。过齿轮各齿顶所作的圆称为齿顶圆，用 d_a 表示。

2）齿根圆。过齿轮各齿槽底部所作的圆称为齿根圆，用 d_f 表示。

3）分度圆。在齿顶圆和齿根圆之间取一个圆，作为计算、制造、测量齿轮尺寸的基准，该圆称为分度圆，用 d 表示。标准齿轮分度圆上的齿厚与齿槽宽相等。

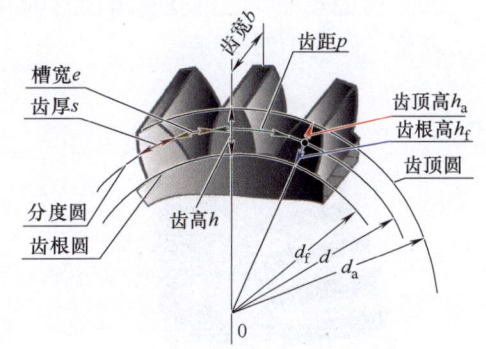

图 3-27　齿轮各部分的名称和符号

4）齿厚。分度圆上一个轮齿的两侧端面齿廓之间的弧长称为该齿轮的齿厚，用 s 表示。

5）槽宽。分度圆上一个齿槽的两侧齿廓之间的弧长称为该齿轮的齿槽宽，用 e 表示。

6）齿距。分度圆圆周上，相邻两齿同侧齿廓之间的弧长称为齿距，用 p 表示，即 $p=s+e$。

7）齿顶高。齿顶圆与分度圆之间的径向距离称为齿顶高，用 h_a 表示。

8）齿根高。齿根圆与分度圆之间的径向距离称为齿根高，用 h_f 表示。

9）齿高。齿顶圆与齿根圆之间的径向距离称为全齿高，用 h 表示。

(3) 渐开线直齿圆柱齿轮的基本参数　直齿圆柱齿轮的基本参数有齿数、模数、压力角等。

1）齿数（z）。一个齿轮的轮齿总数目称为齿数，它是齿轮最基本的参数之一。

2）模数（m）。分度圆上的齿距 p 与无理数 π 的比值称为模数，用 m 表示，其单位为 mm，即 $m=p/\pi$ 或 $p=m\pi$。

由此可知，m 越大，p 越大，轮齿也就越大，齿轮的承载能力越强；反之，齿轮越小，齿轮的承载能力越弱。可以计算出分度圆直径 $d=mz$。

3）压力角（α）。压力角是物体运动方向与受力方向所夹的锐角。齿轮的压力角是渐开线齿廓在分度圆上的压力角，我国规定标准压力角为 20°。

(4) 渐开线齿轮正确啮合的条件　两齿轮的正确啮合条件为

$$m_1=m_2=m$$
$$\alpha_1=\alpha_2=\alpha$$

即两齿轮的模数和压力角必须分别相等。

5. 齿轮的失效形式

齿轮传动的失效主要是指轮齿的失效，其失效形式是多种多样的。由于齿轮其他部分（齿圈、轮辐、轮毂）通常是按经验设计的，其尺寸对于强度和刚度而言均有富余，所以实践中很少失效。

齿轮常见的失效形式有轮齿断裂、齿面点蚀、齿面胶合、齿面磨损、齿面塑性变形等。

(1) 轮齿断裂　轮齿断裂形式如图 3-28 所示。轮齿折断有多种形式，在一般情况下，主要是指齿根弯曲疲劳折断。在齿轮突然过载时，也可能出现过载折断或剪断。

增大齿根过渡圆角半径，增大轴及支承的刚度，采用合适的热处理工艺，采用滚压工艺等，都可以提高轮齿抗折断的能力。

(2) 齿面点蚀　点蚀就是齿面材料在交变接触应力的作用下，由于疲劳而产生的点状损伤现象，如图 3-29 所示。

图 3-28　轮齿断裂形式

图 3-29　齿面点蚀

提高齿面抗点蚀能力的措施：提高齿面材料的硬度；采用合理的润滑方式；合理地增大

齿轮直径；在允许情况下，尽可能用黏度较高的润滑油。

（3）齿面胶合　对于高速重载的齿轮传动，齿面间压力大，瞬时温度高，油膜容易破裂，从而容易导致齿面局部黏结。但因齿面间有相对滑动，黏结后又会被撕裂，在齿面上形成伤痕，这种破坏称为齿面胶合，如图3-30所示。

（4）齿面磨损　齿面磨损是指当啮合表面间落入磨料性物质（如铁屑、砂粒等）时，齿面被逐渐磨损甚至报废，如图3-31所示。

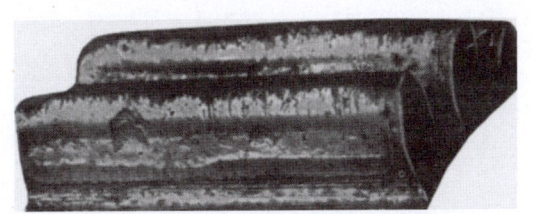

图3-30　齿面胶合

图3-31　齿面磨损

提高齿面抗磨损能力的措施：提高齿面材料的硬度；采用闭式齿轮传动，并加以合理的润滑；为齿轮传动尽可能保持清洁的工作环境。

（5）齿面塑性变形　在过大的应力作用下，轮齿表面材料处于屈服状态，在齿面切向力作用下，会产生材料塑性流动，称为塑性变形，如图3-32所示。

提高齿面的硬度，采用高黏度的或加有极压添加剂的润滑油，均有助于减缓或防止轮齿产生塑性变形。

a)

b)

图3-32　齿面塑性变形

a）塑性变形（凹）　b）塑性变形（凸）

6. 齿轮传动的润滑

润滑油是齿轮传动装置的血液，润滑剂不仅能减少摩擦，提高传动效率，还具有降噪、减振、散热、延长齿轮使用寿命的作用。

对于开式和半开式齿轮传动，一般采用人工定期加油润滑，所用润滑剂为润滑脂或润滑油。

对于闭式齿轮传动，当齿轮的圆周速度 $v<12m/s$ 时，常将大齿轮浸入油池中进行浸油

润滑，如图 3-33 所示。圆柱齿轮的浸油高度一般不超过一个全齿高，但应大于 10mm。锥齿轮一般浸入全齿，至少浸入半个齿宽。

当齿轮的圆周速度 $v \geqslant 12m/s$ 时，因速度较大，为避免附着在齿廓上的油被甩掉，应采用喷油润滑，如图 3-34 所示。

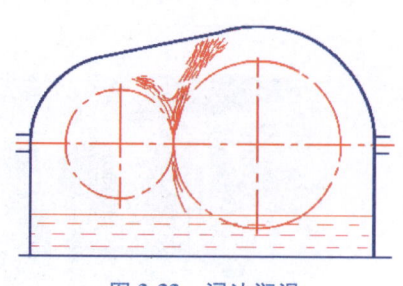

图 3-33　浸油润滑

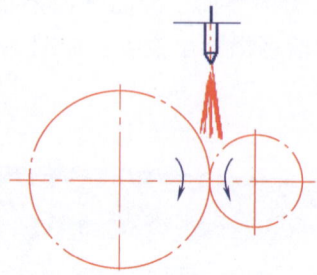

图 3-34　喷油润滑

7. 齿轮的材料

从前面介绍的齿轮的失效形式内容中可以看到，齿轮的齿体应有较高的抗折断能力，齿面应有较强的抗磨损、抗点蚀能力和较高的抗胶合、抗塑性变形的能力，也就是要求齿面硬、心部韧、加工工艺性能及热处理性能良好。

制造齿轮的常用材料有以下几种：

（1）铸铁　当齿顶圆直径尺寸≥500mm，要求轻载、低速时，齿轮材料可以使用铸铁。

（2）铸钢　当齿顶圆直径尺寸在 400~600mm，且不便于锻造时，可用铸造方法制成铸钢齿坯，再通过正火处理细化晶粒。

（3）锻钢　当要求韧性好、强度高、便于制造和热处理时，大多数齿轮都用锻钢制造。

（4）非金属材料　当齿轮传动对精度要求不高但又为高速轻载时，为了降低噪声，常用非金属材料（如尼龙、夹布胶木等）做小齿轮，大齿轮则仍用钢或铸铁制造。

8. 齿轮传动的应用

齿轮传动在汽车上的典型应用主要在变速器、主减速器两处。变速器依靠齿轮传动实现动力传递和转速变换，如图 3-35 所示；主减速器依靠齿轮传动实现减速增扭，如图 3-36 所示。

图 3-35　变速器中的齿轮传动

图 3-36　主减速器中的齿轮传动

齿轮传动在汽车上的应用详见后面介绍"轮系"的项目。

9. 其他常见齿轮传动简介

（1）斜齿圆柱齿轮传动　斜齿圆柱齿轮传动如图 3-37 所示，它适用于高速、重载传动中。与直齿轮传动相比，斜齿轮传动具有以下优缺点：

1）啮合性能好，承载能力大。

2）机构紧凑、传动平稳、冲击和噪声小。

3）斜齿轮的缺点是易产生轴向力。

（2）直齿锥齿轮传动　直齿锥齿轮传动用于传递两相交轴之间的运动和动力，如图 3-38 所示。它的传动设计、制造和安装均较简单，适用于低速、轻载的传动场合。

图 3-37　斜齿圆柱齿轮传动

图 3-38　直齿锥齿轮传动

直齿锥齿轮传动的特点如下：

1）振动和噪声较大。

2）轮齿分布在圆锥面上，且逐渐收缩。

3）用于两相交轴之间的传动。

（3）蜗杆传动　蜗杆传动由蜗轮和蜗杆组成，用于传递空间交错的两轴间的运动和动力，一般交错角为 90°，通常，蜗杆为主动件，蜗轮为从动件，如图 3-39 所示。

与其他传动机构相比，蜗杆传动的特点是结构紧凑、传动平稳、噪声低、传动比大，并且在一定条件下可以实现自锁。但蜗杆传动的效率比较低，磨损较严重，发热量大，成本较高。

图 3-39　蜗杆传动

【技能训练】

一、训练目的

观察汽车变速器中的齿轮连接情况，了解齿轮传动的工作原理，加深对齿轮传动知识的掌握。

二、训练器材

拆装用汽车手动变速器。

三、训练内容

拆下变速器后盖，观察手动变速器，找出变速器中所含的齿轮传动，分析所有齿轮传动是如何发挥作用的。

变速器中的齿轮传动如图 3-40 所示。

图 3-40　变速器中的齿轮传动

拆下变速器后盖的具体操作步骤如下：

1）用套筒扳手拧松变速器后盖紧固螺栓。
2）用套筒扳手拆下变速器后盖紧固螺栓。
3）用专用工具拆下圆柱销。
4）用手拆下变速器后盖。

【课后练习】

1. 齿轮传动的类型有哪些？选取其中的一种说明齿轮传动在汽车上的应用。
2. 齿轮传动的失效形式有哪几种？它们分别是怎样造成的？

 ## 项目三练习题

一、填空题

1. 平带的横截面为_____，带的_____为工作面；V 带的横截面为_____，带的_____为工作面。
2. 在相同条件下，发动机上 V 带的传动能力为平带的_____倍，所以 V 带传动获得了广泛应用。
3. 带传动一般由_____、_____、_____以及张紧在两带轮上的_____组成。
4. 汽车 V 带的结构除了强力层、伸张层、压缩层和包布层之外，还增加了_____和_____。
5. 滚子链由_____、_____、_____、_____及_____组成，内链板与套筒、外链板与销轴均为_____配合，而套筒与销轴、滚子与套筒均为_____配合。
6. 链传动的传动距离_____，平均传动比_____，传动效率_____，作用在轴和轴承上的力_____，可用于两轴中心距_____的场合；但其瞬时速度_____，高速

运转时易产生_____，链条的铰链磨损后，链条节距变大，传动中链条容易_____。

7. 链传动由_____、_____和_____组成。

8. 按用途不同，链传动可分为_____、_____和_____三类。

9. 两轴线既不相交也不平行的齿轮传动称为_____，常见的有_____、交错轴斜齿轮传动、准双曲面齿轮传动等。

10. 齿轮传动是依靠_____来传递空间任意两轴之间的运动和动力的。

二、判断题

（　　）1. 带传动不适用于高温、有易燃易爆物质的场合。
（　　）2. 在相同条件下，平带的传动能力为 V 带的三倍。
（　　）3. 汽车 V 带的结构只有强力层、伸张层、压缩层和包布层。
（　　）4. 包布层是 V 带的保护层，要求其耐磨，用带有橡胶的帆布制成。
（　　）5. 汽车 V 带传动过载时会打滑，从而可起到安全保护的作用。
（　　）6. 良好的润滑是链传动保证发动机正常工作的必要条件。
（　　）7. 滚子链的内链板与套筒、外链板与销轴均为间隙配合。
（　　）8. 发动机链传动的平均传动比是恒定的，但瞬时传动比不恒定。
（　　）9. 链传动宜用于要求传动精度高的配气机构上。
（　　）10. 要求传动平稳、能缓冲吸振、过载打滑的越野车可采用链传动。
（　　）11. 内啮合齿轮传动中，小齿轮为内齿轮，大齿轮为外齿轮。
（　　）12. 直齿锥齿轮传动属于交错轴齿轮传动。

三、选择题

1. 下列不属于摩擦带传动的是_____。
   A. V 带传动　　　　B. 平带传动　　　　C. 圆带传动　　　　D. 同步带传动
2. 相同条件下，汽车选用 V 带比采用平带，承载能力_____。
   A. 一样强　　　　　B. 平带强　　　　　C. V 带强　　　　　D. 都不强
3. 发动机采用 V 带传动的平稳性好，这是因为_____。
   A. 传动带具有良好的弹性　　　　B. 带传动存在弹性滑动现象
   C. 过载时传动带在轮缘上会打滑　D. 通过摩擦力传递运动和动力
4. 下列带传动中传动能力最大的是_____。
   A. 平带传动　　　　B. V 带传动　　　　C. 圆带传动　　　　D. 同步带传动
5. 下列属于啮合型带传动的是_____。
   A. 平带传动　　　　B. V 带传动　　　　C. 圆带传动　　　　D. 同步带传动
6. 汽车的动力传送链条常采用_____。
   A. 滚子链　　　　　B. 齿形链　　　　　C. 平环链　　　　　D. 钩接链
7. 下列关于齿形链的描述错误的是_____。
   A. 传动平稳无噪声　　　　　　　B. 有雷诺无声链与莫斯无声链
   C. 适用于低速传动　　　　　　　D. 齿形链又称为无声链
8. 发动机选用链传动与齿轮传动时，链传动具有的重要优点是_____。
   A. 传动效率高　　　　　　　　　B. 可用于两轴中心距较大的传动
   C. 工作时没有冲击和振动　　　　D. 安装精度要求不高

9. 在发动机选用链传动与带传动时，采用链传动的主要优点是_____。
   A. 工作平稳、无噪声　　　　　　　B. 制造费用低
   C. 平均传动比准确　　　　　　　　D. 使用寿命长
10. 直齿锥齿轮传动属于_____。
    A. 平行轴齿轮传动　　　　　　　　B. 相交轴齿轮传动
    C. 交错轴齿轮传动　　　　　　　　D. 开式传动
11. 直齿圆柱齿轮传动属于_____。
    A. 平行轴齿轮传动　　　　　　　　B. 相交轴齿轮传动
    C. 交错轴齿轮传动　　　　　　　　D. 开式传动
12. 下列属于交错轴齿轮传动的是_____。
    A. 直齿圆柱齿轮传动　　　　　　　B. 直齿锥齿轮传动
    C. 蜗杆传动　　　　　　　　　　　D. 齿轮齿条传动
13. 内啮合齿轮传动就是_____的齿轮传动。
    A. 两个外齿轮间　　　　　　　　　B. 两个内齿轮间
    C. 一个外齿轮与一个内齿轮间　　　D. 一个外齿轮与两个内齿轮间

项目四

汽车轮系

【项目描述】

轮系在机械设备中应用广泛,在汽车中也是如此。本项目通过两个任务的学习,让学生掌握轮系的基本知识,了解轮系的作用和在汽车上的应用,并会计算轮系的传动比,判断轮系各齿轮的转动方向,为后面相关内容的学习打下基础。同时,通过本项目的学习,可进一步增强学生对汽车机械基础这门课程的学习兴趣。

 任务一 认识轮系的分类及应用

【学习目标】

目标类型	目标要求
知识目标	1. 了解轮系的作用和类型 2. 懂得轮系在汽车上的应用
技能目标	能够分析汽车差速器的齿轮系
职业素养	1. 能根据工作任务需要,搜集、整理和学习相关资源信息并制订出工作计划,开展任务实施和总结 2. 具有良好的沟通能力、团队合作精神 3. 具有安全生产、成本节约、环境保护与节能的意识

【基本理论知识】

在机械设备中，为了获得较大的传动比，或实现变速和换向，常要采用多对齿轮进行传动，如机床、汽车上使用的变速器、差速器，工程上广泛应用的齿轮减速器等。这种由一系列齿轮相互啮合组成的传动系统称为齿轮系，简称轮系，如图 4-1 所示。

图 4-1　轮系

【拓展阅读】

阙红波：为中国高铁打造超级"风火轮"

2023 年 6 月，中国高铁试验列车在湄洲湾跨海大桥和海尾隧道各进行了一次运行试验。试验中各项指标表现良好，标志着 CR450（复兴号时速 400km 等级的高速动车组）动车组研制取得阶段性成果，为"CR450 科技创新工程"的顺利实施打下了坚实基础。在试验列车上，作为"跟车试验人员"的阙红波淡定从容，仿佛这一切都在他的预料之中。

"高铁是国家名片，先进性是第一位的。"这是阙红波对自己所从事的高铁关键零部件研发工作的定位。

2012 年，中国标准动车组研发工作启动，阙红波负责开展 CRH380（一系列型号和谐号动车组列车）高速动车组齿轮传动系统深度国产化研究。针对齿轮箱在高速行驶状态下的轻微渗油，他带着团队进行了几十次反复实验，直到最终产品确实可靠。凭借这样的执着，阙红波团队相继解决了齿轮传动系统轻量化等一系列技术难题。CRH380A 齿轮传动系统首次成功实现进口替代，在 2014 年研制出了国产、具有完全

自主知识产权的 CRH380B 齿轮箱。2018 年,中车戚墅堰所主导完成的"高铁列车用高可靠齿轮传动系统"荣获国家科学技术进步奖二等奖。在阙红波及其团队的努力下,"中国标准"享誉世界。

在复兴号动车组齿轮传动系统研发期间,巨大的温差环境是亟待解决的难题。阙红波团队翻遍专业书籍,反复商讨,推敲方案,开创性地提出了温控技术的新想法。之后,整个团队夜以继日攻关 6 个月,历经上万次试验,最终打造出"中国标准"高铁列车齿轮传动系统,彻底打破国外技术壁垒,建立了国内唯一的、具有完全自主知识产权的高铁列车齿轮传动系统研发设计平台和试验验证体系。

合理的想法、必要的试验,就是阙红波团队不断创新的源泉和动力。正因如此,齿轮传动系统这一超级"风火轮"才助力 CR450 试验列车刷新世界速度。

自党的十八大以来,我国铁路发展坚定不移走自主创新之路,持续提升科技自立自强能力,形成了具有自主知识产权的世界先进高铁技术体系。目前,我国已形成涵盖高铁工程建设、装备制造、运营管理三大领域的成套高铁技术体系,高铁技术水平总体进入世界先进行列,部分领域达到世界领先水平。

摘选:阙红波:为中国高铁打造超级"风火轮";学习强国-常州学习平台;2023-08-23

1. 轮系的分类

轮系传动时,根据各齿轮轴线的位置是否固定,可分为定轴轮系和周转轮系两大类。

(1) 定轴轮系 轮系运转时,若所有齿轮的轴线位置都保持固定,则称为定轴轮系,如图 4-2 所示。

图 4-2 定轴轮系

(2) 周转轮系 轮系运动中,若至少有一个齿轮的轴线围绕另一个齿轮的固定轴线旋转,则称为周转轮系,如图 4-3 所示。在图 4-3a 中,齿轮 2 一方面绕自身轴线回转,另一方面其轴线又绕着齿轮 1 的固定轴线回转。在图 4-3b 中,齿轮 1、2、3 除了绕自身轴线回转外,还绕齿轮 4 的固定轴线回转。

周转轮系分为行星轮系与差动轮系两种:有一个中心轮的转速为零(即固定)的周转轮系称为行星轮系,如图 4-3a 所示;中心轮的转速都不为零的周转轮系称为差动轮系,如图 4-3b 所示。

2. 轮系在汽车上的功用

轮系在汽车上的应用比较多,如底盘中的手动变速器、自动变速器、分动器、差速器等。轮系在汽车上的功用主要有以下几个方面：

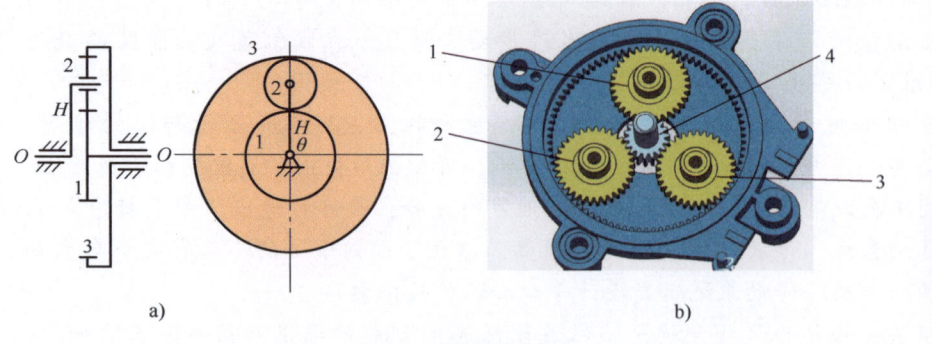

图 4-3　周转轮系

（1）能满足汽车变速的要求　汽车变速器是用来改变汽车转速的机构，在变速器输入轴转速不变的情况下，利用轮系可使输出轴获得多种工作转速，从而实现低速、中速、高速档位的变化。如图 4-4 所示，输入轴、中间轴、输出轴上都有多个不同大小的齿轮，它们通过不同的啮合方式，形成了不同的传动比，实现了输出轴的变速。

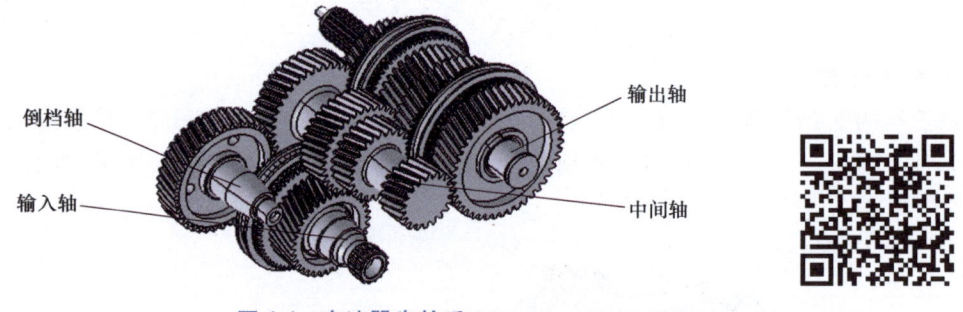

图 4-4　变速器齿轮系

（2）能改变从动轴的转动方向　汽车变速器能实现倒档，就是利用了轮系来改变从动轴的转动方向。如图 4-4 所示，倒档轴齿轮与输入轴齿轮直接啮合，使倒档轴齿轮与输入轴齿轮转向相反，从而实现了从动轴转向的改变。

（3）能实现左右车轮差速作用　汽车的差速器能将主减速器的动力分解，即将一个回转运动分解为两个独立的回转运动，从而传递到左、右半轴上驱动车轮转动，如图 4-5 所示。

图 4-5　差速器实现差速作用

【技能训练】

一、训练目的

能够分析汽车差速器的轮系。

二、训练器材

汽车差速器。

三、训练内容

观察汽车差速器（图 4-6），说出它有几对齿轮相互啮合，是哪种类型的轮系。

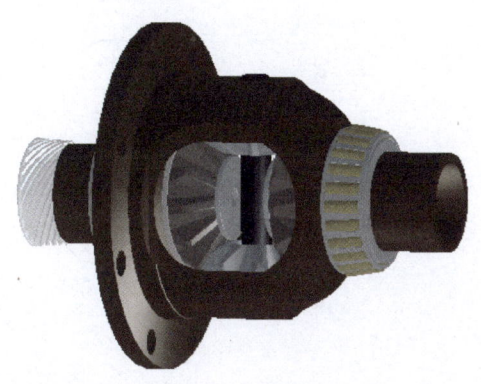

图 4-6　汽车差速器

【课后练习】

1. 轮系的作用是什么？
2. 轮系有哪几种类型？
3. 试举例说明轮系在汽车上的应用。

任务二　了解轮系传动比

【学习目标】

目标类型	目标要求
知识目标	1. 会计算轮系的传动比 2. 会判断轮系中从动轮的转向
技能目标	能根据需求，对多个大小不同的齿轮进行组合，得到不同的传动比
职业素养	1. 能根据工作任务需要，搜集、整理和学习相关资源信息并制订出工作计划，开展任务实施和总结 2. 具有良好的沟通能力、团队合作精神 3. 具有安全生产、成本节约、环境保护与节能的意识

【基本理论知识】

轮系中，输入轴与输出轴之间的转速或角速度之比，称为轮系的传动比。轮系传动比的计算包括传动比大小的计算和确定输入轴与输出轴的转向关系。

1. 一对啮合齿轮的传动比计算

如图 4-7 所示，设主动齿轮 1 的转速和齿数为 n_1、z_1，从动齿轮 2 的转速和齿数为 n_2、z_2，则其传动比大小等于

$$i_{12} = \frac{n_1}{n_2} = \frac{z_2}{z_1}$$

圆柱齿轮传动中两齿轮的轴线相互平行，对于外啮合传动（图 4-7a），两齿轮转向相反，传动比可用负号表示；对于内啮合传动（图 4-7b），两齿轮转向相同，传动比可用正号表示。所以其传动比可写为

$$i_{12} = \frac{n_1}{n_2} = \pm \frac{z_2}{z_1}$$

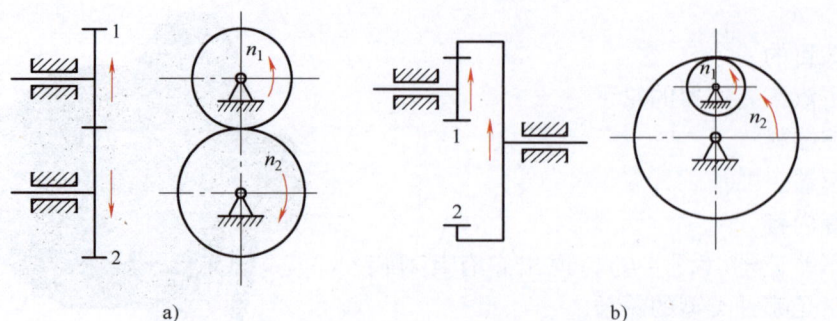

图 4-7　一对齿轮的啮合情况
a）外啮合　b）内啮合

两轮的转向关系也可在图上用箭头表示，如图 4-7 所示，用反向箭头（箭头相对或相背）表示外啮合时两齿轮的转向相反，用同向箭头表示内啮合时两齿轮的转向相同。

锥齿轮传动中齿轮的轴线相交，不能说两齿轮的转向是相同或相反。因此，其转向关系便不能用传动比的正负来表示，只能在图上用箭头表示。两齿轮的转向箭头必须同时指向节点，或同时背离节点，如图 4-8a 所示。另外，由于蜗杆传动中两轴线在空间相交互成 90°，其转向关系也不能用传动比的正负来表示，而只能用画箭头的方法来确定，如图 4-8b 所示。

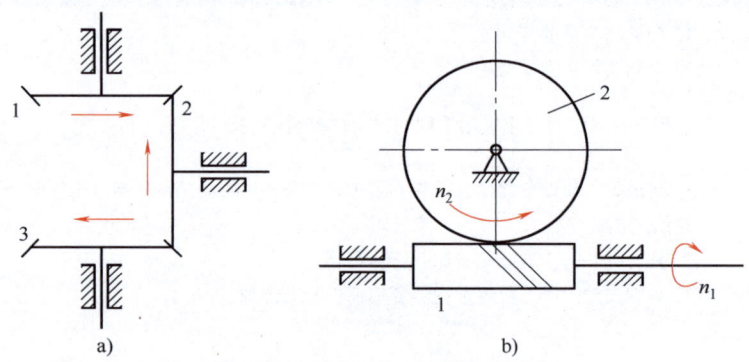

图 4-8　锥齿轮传动和蜗杆传动
a）锥齿轮传动　b）蜗杆传动

2. 定轴轮系传动比的计算

在图 4-9 所示的定轴轮系中，齿轮 1 为始端主动轮，齿轮 5 为末端从动轮，则轮系传动比为 $i_{15}=\dfrac{n_1}{n_5}$。下面讨论 i_{15} 的计算方法。

$$\omega_3=\omega'_3 \qquad \omega_4=\omega'_4$$

$$i_{12}=\frac{\omega_1}{\omega_2}=-\frac{z_2}{z_1} \qquad i_{23}=\frac{\omega_2}{\omega_3}=-\frac{z_3}{z_2}$$

$$i_{3'4}=\frac{\omega_3}{\omega_4}=\frac{z_4}{z_{3'}} \qquad i_{4'5}=\frac{\omega_4}{\omega_5}=-\frac{z_5}{z_{4'}}$$

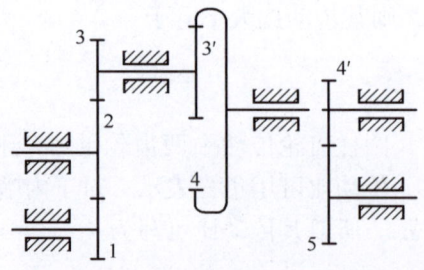

图 4-9　定轴轮系的传动比计算

$$i_{15}=\frac{\omega_1}{\omega_5}=\frac{\omega_1}{\omega_2}\frac{\omega_2}{\omega_3}\frac{\omega_3}{\omega_4}\frac{\omega_4}{\omega_5}=i_{12}i_{23}i_{3'4}i_{4'5}$$

$$=(-1)^3\frac{z_2z_3z_4z_5}{z_1z_{2'}z_{3'}z_4}=(-1)^m\frac{\text{所有从动轮齿数的乘积}}{\text{所有主动轮齿数的乘积}}$$

式中 m——轮系中齿轮1到齿轮5之间外啮合齿轮的对数。

图4-9中的齿轮2同时与两个齿轮相啮合，与齿轮1啮合时为从动轮，与齿轮3啮合时为主动轮，所以其在传动比计算公式的分子、分母中同时出现而互相抵消。这说明齿轮2齿数的多少不影响传动比的大小，这种齿轮称为惰轮或过桥轮。

由上式可得，定轴轮系传动比的计算公式为

$$i_{1k}=\frac{\omega_1}{\omega_k}=(-1)^m\frac{\text{齿轮1到齿轮}k\text{间所有从动轮齿数的乘积}}{\text{齿轮1到齿轮}k\text{间所有主动轮齿数的乘积}}$$

式中 m——轮系中齿轮1到齿轮k之间外啮合齿轮的对数。

上式表明，定轴轮系的传动比等于组成该轮系的各对啮合齿轮传动比的连乘积，传动比的大小等于各对啮合齿轮中所有从动轮的齿数连乘积与所有主动轮齿数的连乘积之比。

从动轮转向的确定：当定轴轮系为圆柱齿轮组成的轮系时，可使用$(-1)^m$法；对于含有锥齿轮、蜗杆传动的定轴轮系，由于在轴线不平行的两齿轮传动比前加正、负号没有意义，所以从动轮的转向只能用逐对标定齿轮转向箭头的方法来确定，先画出主动轮的转向箭头，然后根据前面讲述的一对齿轮传动转向箭头的表示法，依次画出各齿轮的转向，如图4-10所示。

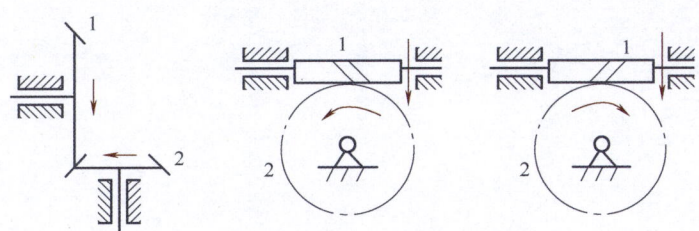

图4-10 从动轮方向的确定

【课后练习】
1. 如何计算轮系传动比的大小？
2. 如何确定轮系中各齿轮的转动方向？

项目四练习题

一、填空题
1. 按轮系传动时各齿轮的几何轴线位置是否相对固定，轮系可分为_____和_____两大类。
2. 轮系传动时，若各齿轮的_____位置均是相对固定的，则这种轮系称为定轴轮系。
3. 汽车变速器中的齿轮传动属于_____，汽车差速器中的齿轮传动属于_____。
4. 由_____相互啮合组成的传动系统称为轮系。

5. 汽车离合器换向机构是用来改变_____的机构，变速机构是用来改变_____的机构。

6. 传动时，若轮系中至少有一个齿轮的_____的位置相对于机架不固定，且绕其他齿轮的固定轴线回转，则这种轮系称为周转轮系。

二、选择题

1. 在设计变速器时，将行星轮系转化为定轴轮系后，各构件间的相对运动_____变化。
   A. 发生　　　　　　　B. 不发生　　　　　　C. 不确定是否发生

2. 汽车上常采用定轴轮系和周转轮系，两者的区别在于_____。
   A. 齿轮的几何轴线位置是否相对固定　　B. 齿轮的转速是否改变
   C. 齿轮的转动方向是否改变　　　　　　D. 齿轮的轴是否相对固定

3. 自动变速器实现运动的合成与分解，可通过_____轮系实现。
   A. 周转轮系　　　B. 定轴轮系　　　C. 传动轮系　　　D. 都不能

4. 齿轮系的下列功用中，必须依靠行星轮系实现的是_____。
   A. 变速传动　　　　　　　　　B. 得到大的传动比
   C. 分路传动　　　　　　　　　D. 运动的合成和分解

5. 汽车中的变速器主要是利用轮系应用中的_____功能。
   A. 对运动进行合成与分解　　　B. 实现分路传动
   C. 实现换向传动　　　　　　　D. 实现变速传动

项目五 汽车上的轴与轴承

【项目描述】

轴与轴承是汽车上重要的传动部件,汽车发动机、传动系统和行驶系统等中都装有较多的轴或轴承。本项目将通过三个任务的学习,详细介绍轴与轴承的组成、分类、润滑、失效形式以及它们在汽车上的应用,让学生掌握轴与轴承的基本理论知识,了解如何对轴与轴承进行维护,懂得轴与轴承在汽车上的应用,为后面相关内容的学习打下基础。同时,通过本项目的学习,也可进一步提高学生对汽车机械基础这门课程的学习兴趣。

任务一 认识轴及其应用

【学习目标】

目标类型	目标要求
知识目标	1. 了解轴的分类和结构形式 2. 掌握轴及轴上零件的定位方法 3. 了解轴在汽车上的应用情况
技能目标	掌握汽车传动轴的传动原理
职业素养	1. 能根据工作任务需要,搜集、整理和学习相关资源信息并制订出工作计划,开展任务实施和总结 2. 具有良好的沟通能力、团队合作精神 3. 具有安全生产、成本节约、环境保护与节能的意识

【基本理论知识】

轴是支承转动零件并与之一起回转，以传递运动、扭矩或弯矩的机械零件。轴的作用是支承回转零件（如带轮、车轮、齿轮），实现回转运动并传递动力。

1. 轴的分类及应用

（1）根据几何轴线的形状分类　按几何轴线的形状不同，轴可分为直轴、曲轴和挠性轴三种，这三种轴在汽车上都有应用。

1）直轴。直轴是轴上各段的轴线重合为一根直线的轴。按外形的不同，直轴又可分为阶梯轴和光轴。阶梯轴各部分截面直径不相等，便于零件的定位，在汽车变速器中应用较广，如图 5-1 所示。光轴加工方便、形状简单，但轴上零件的装配和定位不方便，如图 5-2 所示。

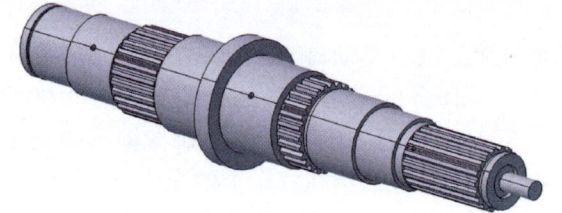

图 5-1　阶梯轴

2）曲轴。曲轴是轴上各段的轴线不重合的轴，它用于实现往复运动和旋转运动之间的变换，如汽车发动机中的曲轴，如图 5-3 所示。

3）挠性轴。挠性轴也称为软轴，它用于连接不在同一轴线或不在同一方向且有相对运动的两轴，以传递旋转运动和扭矩，如图 5-4 所示。挠性轴应用在汽车车速表上。

（2）根据载荷性质分类　轴在工作时承受的载荷主要为扭矩和弯矩，根据其承受载荷不同，可把轴分为心轴、传动轴和转轴三类。

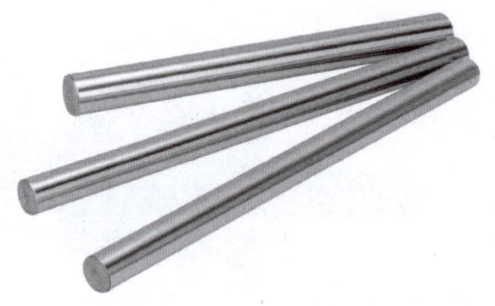

图 5-2　光轴

图 5-3　曲轴

1）心轴。心轴用来支承回转零件，它在工作中只承受弯矩而不承受扭矩，如图 5-5 所示的火车车轴。工作时承受弯矩且转动的心轴称为转动心轴，工作时承受弯矩但不转动的心轴称为固定心轴。

2）传动轴。传动轴用来传递动力，它在工作中只承受扭矩而不承受弯矩。例如，后轮驱动的汽车就使用了传动轴，如图 5-6 所示。

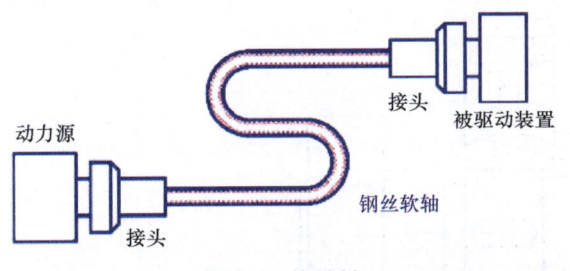

图 5-4　挠性轴

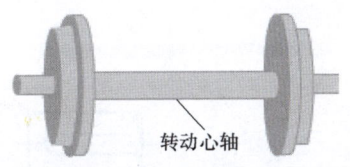

图 5-5　心轴（火车车轴）

图 5-6　汽车传动轴

3）转轴。工作中既承受弯矩又承受扭矩的轴称为转轴。转轴在汽车中的应用较多，如汽车手动变速器轴和汽车半轴，如图 5-7 所示。

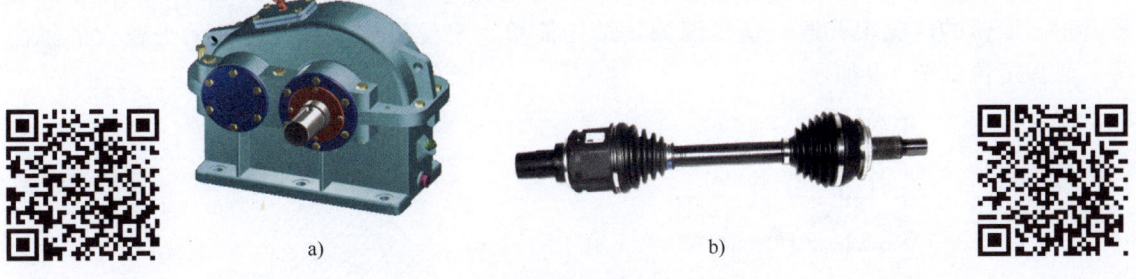

图 5-7　转轴
a）汽车变速器轴　b）汽车半轴

2. 轴的结构

本任务中只讨论直轴。

轴主要由轴颈、轴头和轴身三部分组成。装配轴承的部分，即轴上被支承的部分称为轴颈；装配回转零件的部分，即轴上安装轮毂的部分称为轴头；连接轴头和轴颈的部分称为轴身。轴的结构如图 5-8 所示。

轴的结构应满足以下要求：

1）轴和轴上零件有确定的工作位置。

2）轴应便于制造，轴上零件要易于拆装。

3）各零件要可靠地相对固定。

4）节省材料，减小质量。

5)改善应力状况,减小应力集中。

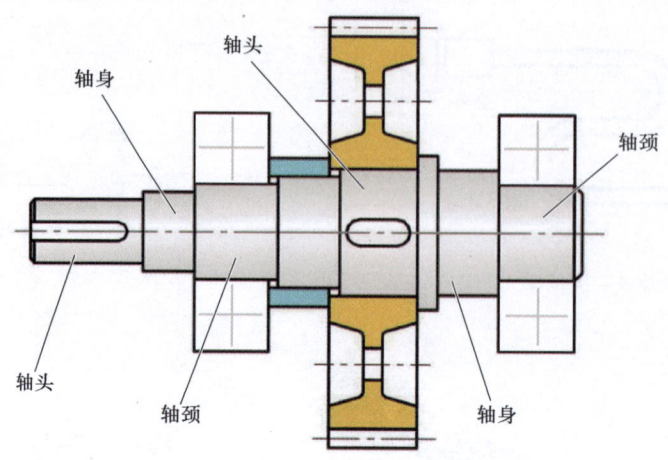

图 5-8　轴的结构

3. 轴上零件的定位

为保证零件的准确工作位置,必须对轴上零件进行轴向和周向的定位。

(1)轴上零件的轴向定位　为保证零件在轴上有确定的轴向位置,防止零件做轴向移动,并能承受轴向力,应对轴上零件进行轴向定位。常用的方法有利用轴肩、轴环、套筒、圆螺母、弹性挡圈、圆锥面、轴端挡圈、紧定螺钉等进行轴向定位。

1)用轴肩和轴环定位。轴上横截面面积尺寸变化的部分称为轴肩或轴环。利用轴肩和轴环进行定位的情况很普遍,这是因为其结构简单、定位可靠,并且能够承受较大的轴向力。轴肩定位如图 5-9 所示。

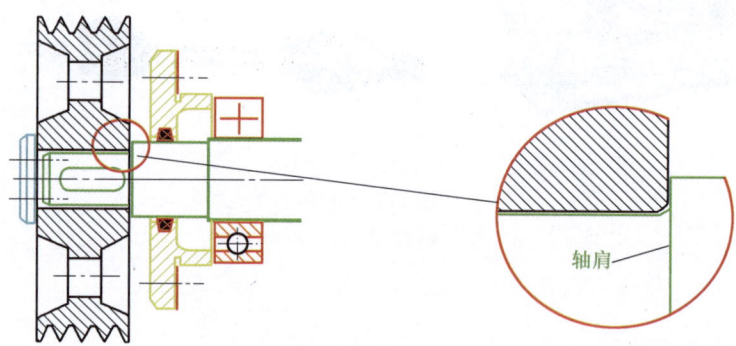

图 5-9　轴肩定位

2)用套筒定位。当两个零件间的距离较近时,可用套筒进行定位,如图 5-10 所示。注意:由于套筒与轴配合得较松,所以套筒不宜过长。

3)用双圆螺母定位。当轴上两零件间的距离较远而不适合采用套筒定位时,可采用双圆螺母加以固定,如图 5-11 所示。双圆螺母固定的特点是能承受较大的轴向力,定位简单、可靠,但对轴的疲劳强度削弱较大,因此多用于轴端。为防止双螺母松动,可加止动垫圈。

4)用弹性挡圈或紧定螺钉定位。当轴向力较小时,可采用弹性挡圈或紧定螺钉实现定位，这两种定位方式结构简单、定位方便，如图 5-12 和图 5-13 所示。

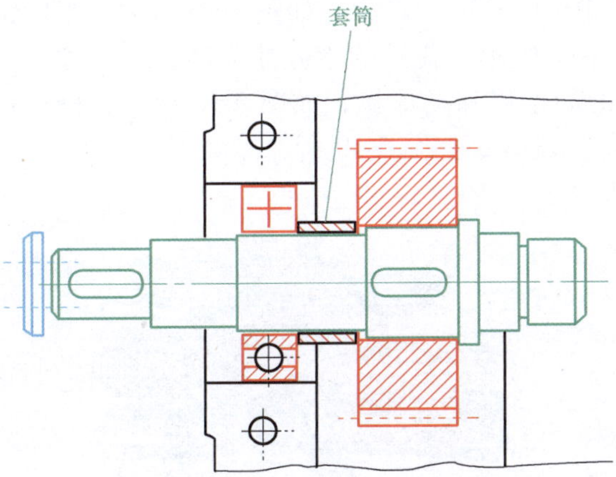

图 5-10　套筒定位

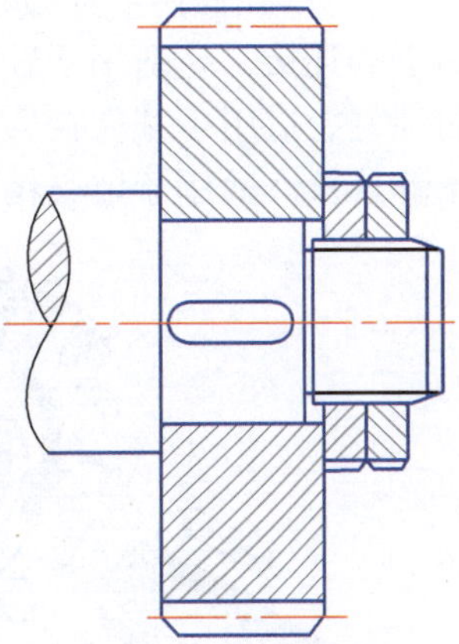

图 5-11　双圆螺母定位

图 5-12　弹性挡圈定位

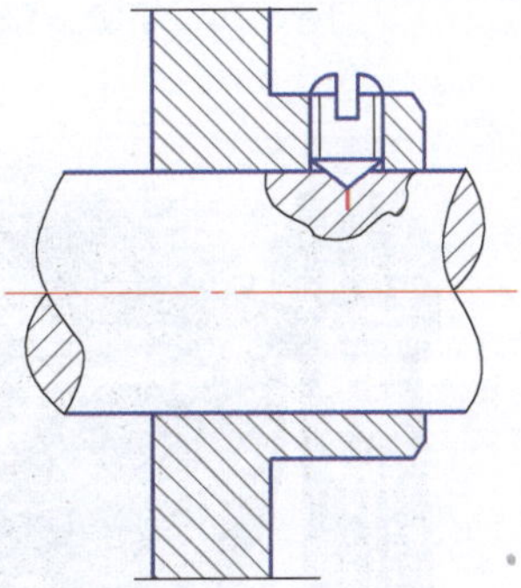

图 5-13　紧定螺钉定位

5）用圆锥面或轴端挡圈定位。圆锥面或轴端挡圈适用于轴端零件的定位，如图 5-14 和图 5-15 所示。

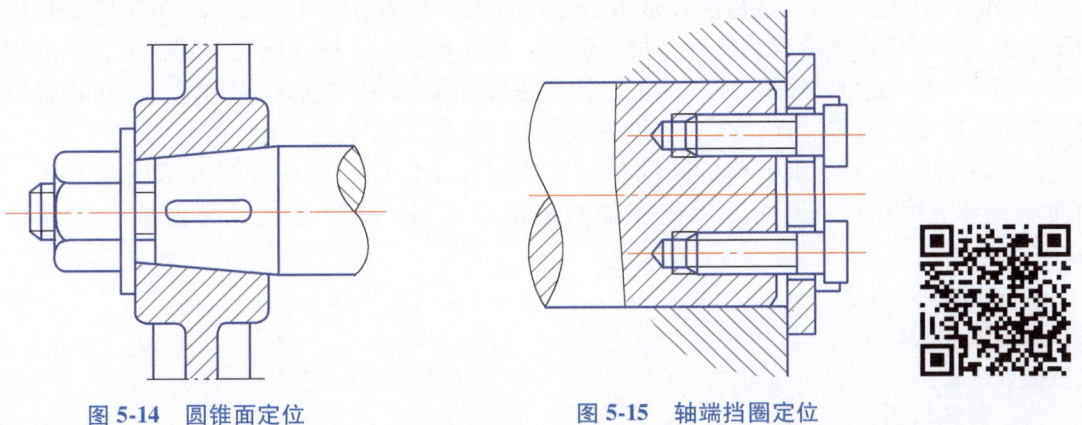

图 5-14　圆锥面定位

图 5-15　轴端挡圈定位

（2）轴上零件的周向定位　为保证轴能可靠地传递运动和转矩，防止零件与轴产生相对转动，需要对轴上零件进行周向定位。周向定位常用的方法有利用键（包括平键、半圆键、花键、楔键）、销和过盈配合等。

1）用键定位。普通平键用于静连接，其对中性好，应用广泛，如图5-16所示；半圆键用于静连接，它适用于轻载及锥形轴端，如图5-17所示；花键的承载能力高、定心性及导向性好，适用于载荷较大、定心精度要求较高的静连接和动连接，如图5-18所示；楔键用于静连接，适用于定心精度要求不高的情况和低速场合，如图5-19所示。

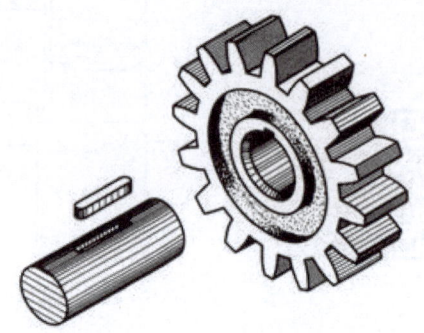

图5-16　平键连接定位

图5-17　半圆键连接定位

图5-18　花键连接定位

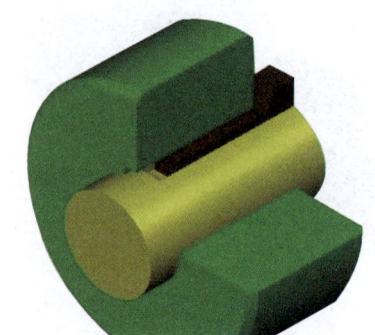

图5-19　楔键连接定位

2）用过盈配合定位。过盈配合是指相配对的孔径要小于轴径，必须采用特殊工具将轴挤压进去，或利用热胀冷缩的特性，将孔加热，趁孔径扩大，迅速将其套到轴上，待冷却收缩后，两个零件就紧紧地配合成一体了。如果遇到有些零件不能加热的情况，也可将轴放在干冰里进行冷却，效果一样。至于过盈量的大小，在加工图样上都有详细说明。

过盈配合定位主要用于免拆卸的轴与轮毂的连接定位，过盈配合的承载能力高、结构简单、对中性好，可同时起周向和轴向定位的作用，用于承受较大振动和冲击载荷的场合。

3）其他定位方法。采用圆锥销定位或紧定螺钉定位，可进行周向和轴向两个方向的固定，但传递的力较小。

【技能训练】

一、训练目的

认识汽车半轴的传动原理。

二、训练器材

实训车辆一台、相关拆装工具。

三、训练内容

在教师的指导下,学生用举升机举起车辆,观察汽车半轴(图 5-20)的运转情况,并分析半轴的传动原理。

图 5-20 汽车半轴

具体操作步骤如下:
1)用举升机举起车辆。
2)用尖嘴钳取下半轴外万向节的大夹箍。
3)用尖嘴钳取下半轴外万向节的小夹箍。
4)用手拨开外万向节橡胶护套。
5)转动车轮,观察半轴的运转情况。

【课后练习】
1. 轴的轴向定位有哪些方法?它们各有什么特点?
2. 试举例说明轴在汽车上的应用(至少 3 例)。

 **任务二 认识滑动轴承及其应用**

【学习目标】

目标类型	目标要求
知识目标	1. 了解滑动轴承的组成 2. 了解滑动轴承的结构形式 3. 了解滑动轴承在汽车上的应用
技能目标	会拆卸发动机曲轴中的滑动轴承
职业素养	1. 能根据工作任务需要,搜集、整理和学习相关资源信息并制订出工作计划,开展任务实施和总结 2. 具有良好的沟通能力、团队合作精神 3. 具有安全生产、成本节约、环境保护与节能的意识

【基本理论知识】

轴承是当代机械设备中的一种重要零件,它的主要功能是支承轴及轴上的零件,减小其运动过程中的摩擦。按照轴承与轴工作表面间摩擦性质的不同,轴承可分为滑动轴承和滚动轴承两大类。滑动轴承工作时,轴与轴承孔之间是面接触,存在着滑动摩擦。滚动轴承工作时,滚动体与套圈之间是点接触,存在着滚动摩擦。本任务讲解滑动轴承的相关知识。

1. 滑动轴承的组成及特点

滑动轴承主要由滑动轴承座、轴瓦或轴套组成,如图 5-21 所示。装有轴瓦或轴套的壳体称为滑动轴承座,与轴颈相配的圆筒形整体零件称为轴套,与轴颈相配的对开式零件称为轴瓦,如图 5-22 所示。

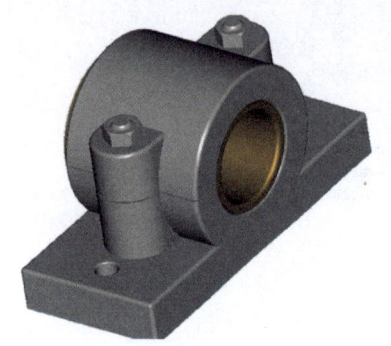
图 5-21　滑动轴承

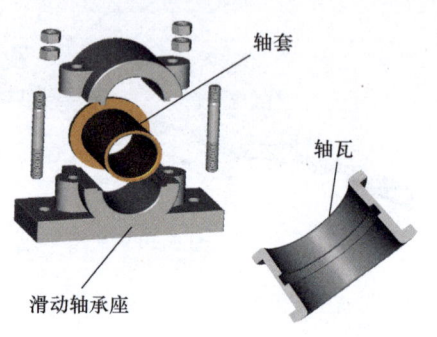
图 5-22　滑动轴承零件名称

滑动轴承的特点如下:
1)承载能力大,耐冲击。
2)工作平稳,噪声小。
3)结构简单,径向尺寸小。
4)起动阻力大,润滑、维护较复杂。

2. 滑动轴承的结构形式

根据所受载荷方向的不同,滑动轴承可分为径向滑动轴承(用于承受径向力)、止推滑动轴承(用于承受轴向力)和径向止推滑动轴承(径向、轴向都承受力)三种主要形式,如图 5-23 和图 5-24 所示。

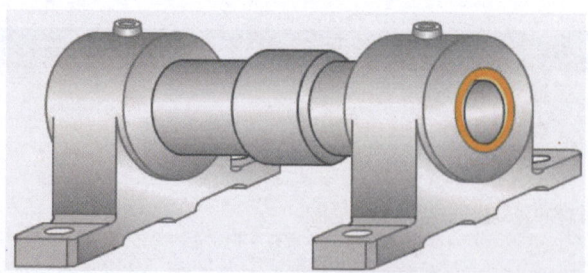
图 5-23　径向滑动轴承

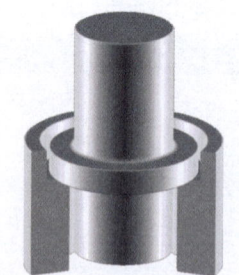
图 5-24　止推滑动轴承

3. 滑动轴承的失效形式

(1)磨粒磨损　进入轴承间隙的硬颗粒有的随轴一起转动,这将对轴承表面起研磨作用。在起动、停车或轴颈与轴承有边缘接触时,也将导致轴承的磨损,如图 5-25 所示。

(2)胶合　当瞬时温升过高、载荷过大、油膜破裂时或润滑油供应不足时,轴承表面材料会发生黏附和迁移,从而造成轴承损伤,称为胶合,如图 5-26 所示。

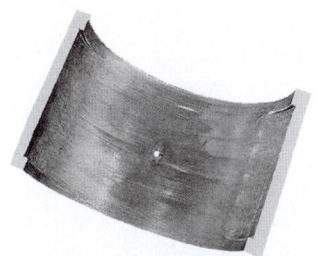

图 5-25　磨粒磨损

图 5-26　胶合

（3）刮伤　进入轴承间隙的硬颗粒或轴颈表面粗糙的轮廓峰,在轴承表面划出线状伤痕称为刮伤,如图 5-27 所示。

（4）疲劳剥落　在载荷的反复作用下,轴承表面出现与滑动方向垂直的疲劳裂纹,裂纹扩展后造成轴承材料剥落,称为疲劳剥落,如图 5-28 所示。

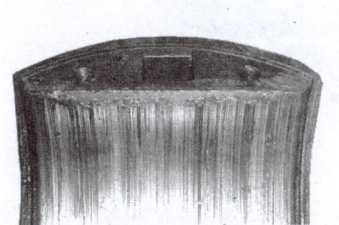

图 5-27　刮伤

图 5-28　疲劳剥落

4. 滑动轴承的润滑

滑动轴承润滑的目的是减少工作表面间的摩擦和磨损,同时起冷却、减振、防锈蚀、散热的作用。润滑剂分为润滑油、润滑脂和固体润滑剂三种。

滑动轴承的润滑方式分为间歇供油和连续供油两类。

5. 滑动轴承在汽车上的应用

滑动轴承具有力学性能优越、价格实惠、自润性能好等许多优异的性能,使它在汽车行业得到了充分的应用。滑动轴承在汽车减振系统、汽车门铰链系统、汽车转向系统、发动机曲轴飞轮组、活塞连杆组等中都有应用,其在汽车发动机中的应用如图 5-29 和图 5-30 所示。

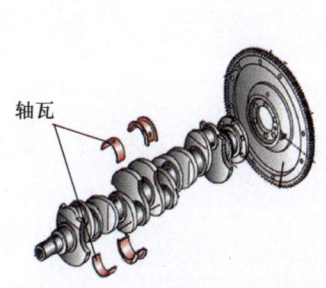

图 5-29　发动机曲轴飞轮组

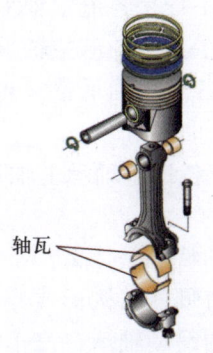

图 5-30　发动机活塞连杆组

【技能训练】

一、训练目的

会拆卸发动机曲轴中的滑动轴承,加深对滑动轴承的了解。

二、训练器材

训练用发动机一台、相关常用拆装工具。

三、训练内容

在发动机曲轴(图5-31)飞轮组中,拆下曲轴,取下轴瓦,并观察分析此处是如何形成滑动轴承的。

图5-31 发动机曲轴

拆下曲轴,取下轴瓦的具体操作步骤如下:

1)用呆扳手拧松前油封凸缘紧固螺栓。

2)用呆扳手拆下前油封凸缘紧固螺栓。

3)用手取下前油封凸缘总成。

4)用呆扳手拧松后油封凸缘紧固螺栓。

5)用呆扳手拆下后油封凸缘紧固螺栓。

6)用手取下后油封凸缘总成。

7)用套筒扳手拧松各道主轴承盖紧固螺栓。

8)用套筒扳手拆下各道主轴承盖紧固螺栓。

9)用手取下各道主轴承盖(包含主轴承下轴瓦)。

10)用手取下曲轴。

11)用手取下各道主轴承上轴瓦。

【课后练习】

1. 滑动轴承的特点是什么?

2. 滑动轴承有哪些结构形式?

3. 试举例说明滑动轴承在汽车上的应用。

任务三　认识滚动轴承及其应用

【学习目标】

目标类型	目标要求
知识目标	1. 了解滚动轴承的组成 2. 了解滚动轴承的类型 3. 了解滚动轴承在汽车上的应用
技能目标	会拆卸变速器输出轴上的滚动轴承
职业素养	1. 能根据工作任务需要，搜集、整理和学习相关资源信息并制订出工作计划，开展任务实施和总结 2. 具有良好的沟通能力、团队合作精神 3. 具有安全生产、成本节约、环境保护与节能的意识

【基本理论知识】

1. 滚动轴承的组成

以滚动摩擦为主的轴承称为滚动轴承，滚动轴承主要由内圈、外圈、滚动体和保持架四部分组成，如图5-32所示。

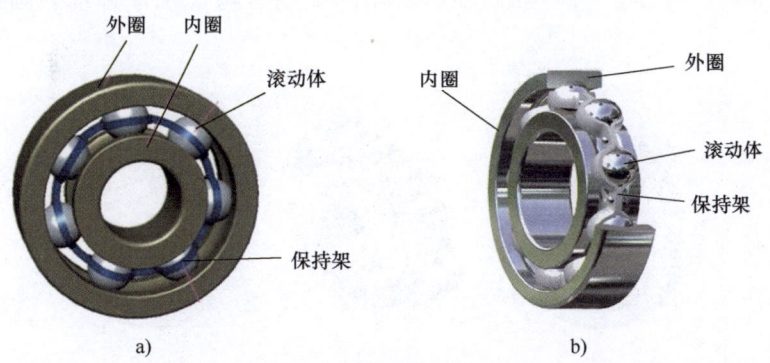

图5-32　滚动轴承的结构

内圈和轴颈配合，通常与轴一起旋转。外圈与轴承座配合，一般保持固定，起支承作用。在实际应用中，也有外圈旋转、内圈固定或内、外圈都旋转的情况。另外，内圈的外表面与外圈的内表面上制有凹槽，称为滚道。滚道可以限制滚动体侧向移动。

滚动体是介于内圈和外圈之间的媒质，当轴承工作时，滚动体就沿着内、外圈的滚道滚动。常见的滚动体有圆球、圆柱滚子、圆锥滚子、球面滚子（非对称、对称）、滚针等，如图5-33所示。

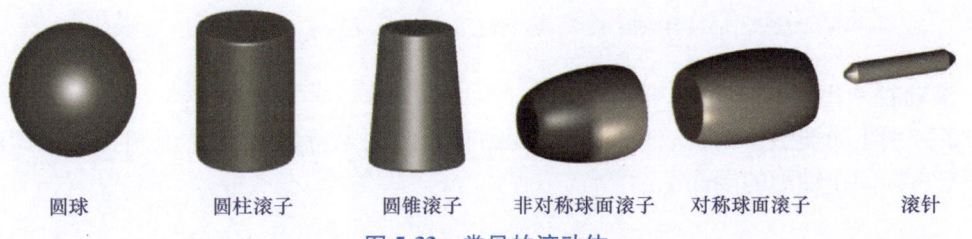

图5-33　常见的滚动体

保持架的作用是把滚动体均匀地隔开，避免两相邻滚动体直接接触，从而减少摩擦和降低噪声。

2. 滚动轴承的类型

（1）按滚动体的形状分类

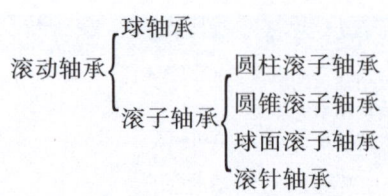

球轴承为点接触，其制造方便、价格低、运转摩擦损耗小，但承载、抗冲击能力差。滚子轴承为线接触，其承载、抗冲击能力较强。

（2）按滚动轴所承受的载荷分类

$$\text{滚动轴承}\begin{cases}\text{向心轴承（承受径向载荷）}\\\text{推力轴承（承受轴向载荷）}\\\text{向心推力轴承（同时承受径向载荷和轴向载荷）}\end{cases}$$

向心轴承的常用类型有调心球轴承、圆柱滚子轴承、调心滚子轴承、深沟球轴承、滚针轴承等，如图 5-34 所示。推力轴承常用的类型有推力球轴承、推力圆柱滚子轴承、推力滚针轴承等，如图 5-35 所示。向心推力轴承常用的类型有角接触球轴承、圆锥滚子轴承等，如图 5-36 所示。

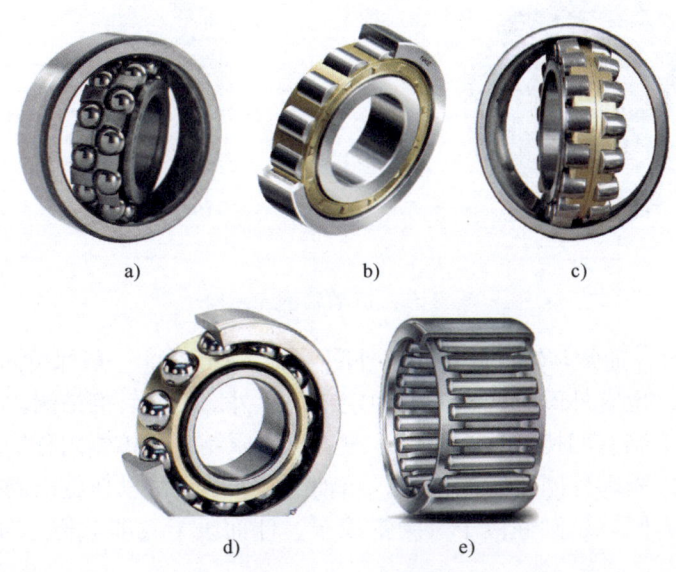

图 5-34　向心轴承

a）调心球轴承　b）圆柱滚子轴承　c）调心滚子轴承　d）深沟球轴承　e）滚针轴承

3. 滚动轴承代号

为了区别不同类型、结构、尺寸和精度的轴承，国家标准规定了识别符号，即轴承代号，并把它标印在轴承的端面上。

 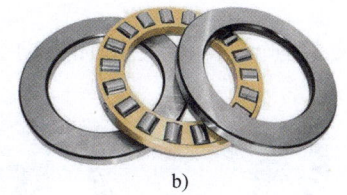 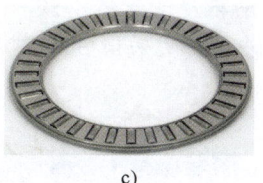

a)　　　　　　　　　　b)　　　　　　　　　　c)

图 5-35　推力轴承

a）推力球轴承　b）推力圆柱滚子轴承　c）推力滚针轴承

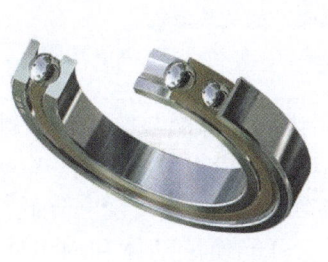 

a)　　　　　　　　　　b)

图 5-36　向心推力轴承

a）角接触球轴承　b）圆锥滚子轴承

国家标准（GB/T 272—2017）规定，轴承代号由前置代号（位于基本代号左侧）、基本代号、后置代号（位于基本代号右侧）三部分组成，见表 5-1。

表 5-1　滚动轴承代号排列规则

前置代号	基本代号					后置代号						
	5	4	3	2	1							
轴承分部件代号	类型代号	尺寸系列代号		内径代号	内部结构代号	密封与防尘与外部形状代号	保持架及其材料代号	轴承零件材料代号	公差等级代号	游隙代号	配置代号	振动及噪声代号其他代号
		宽度（或高度）系列代号	直径系列代号									

注：1. 基本代号表示轴承的类型与尺寸等主要特征。
　　2. 前置代号表示轴承的分部件。
　　3. 后置代号表示轴承的精度与材料的特征。

滚动轴承主要类型代号见表 5-2。

表 5-2　滚动轴承主要类型代号

轴承类型	代号	轴承类型	代号
双列角接触球轴承	0	推力球轴承	5
调心球轴承	1	深沟球轴承	6
调心滚子轴承和推力调心滚子轴承	2	角接触球轴承	7
圆锥滚子轴承	3	推力圆柱滚子轴承	8
双列深沟球轴承	4	圆柱滚子轴承	N

4. 滚动轴承的失效形式

滚动轴承的失效形式主要有疲劳点蚀、塑性变形和磨损等，如图 5-37 所示。

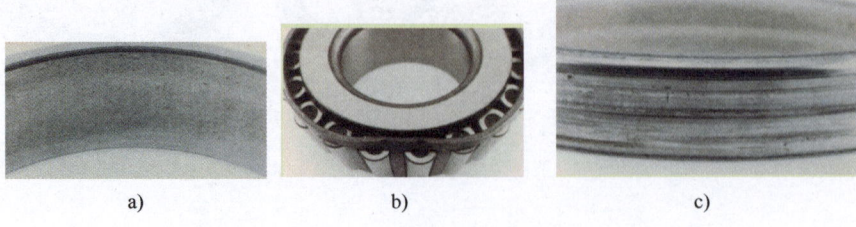

图 5-37 滚动轴承的失效形式
a) 内圈疲劳点蚀　b) 保持架塑性变形　c) 内圈滚道磨损

（1）疲劳点蚀　轴承在径向载荷作用下，内圈、外圈与滚动体接触处产生应力和弹性变形，其大小随接触点位置不同而变化循环。循环接触应力作用达到一定次数时，就会在零件工作表面形成疲劳点蚀，使滚动轴承产生振动和噪声，旋转精度随之降低，从而失去工作能力。

（2）塑性变形　在冲击和重载的作用下，可能使滚动体和内、外圈滚道表面接触处的局部应力超过材料的屈服强度，从而产生永久性凹坑。此时，滚动轴承的摩擦力矩、振动和噪声加大，旋转精度降低，轴承失效。

（3）磨损　轴承使用时若润滑不良、密封不严或在多尘环境中，容易导致严重磨损而失效。

5. 滚动轴承在汽车上的应用

汽车上许多部位都要应用滚动轴承，如手动变速器、发电机、水泵、自动变速器、分动器、传动轴、驱动桥以及行驶系统的轮毂等处。滚动轴承性能的好坏直接影响汽车的工作性能，它是汽车的重要组成部分。滚动轴承在汽车上的应用如图 5-38～图 5-41 所示。

图 5-38 汽车手动变速器的输出轴

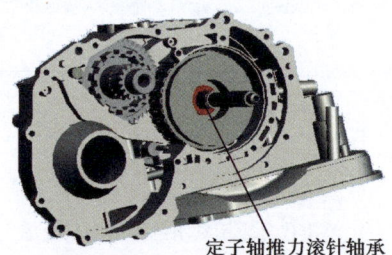

图 5-39 汽车自动变速器

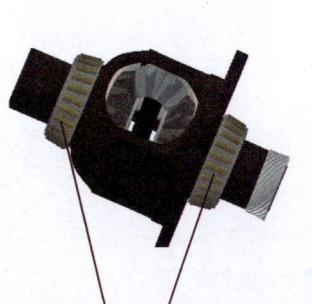

图 5-40 驱动桥差速器

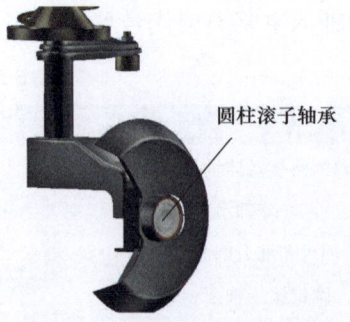

图 5-41 汽车行驶系统轮毂

【拓展阅读】

国产超大直径盾构机主轴承研制获突破

盾构机俗称"钢铁穿山甲",集机、电、液、信息、人工智能等高技术于一身,具有数万个零部件。

主轴承作为盾构机的"心脏"部件,需要直面盾构机超重载、大偏载、频变载等极端恶劣工况考验,其服役寿命与可靠性,受材料、设计、制造和试验等多种关键因素制约,研制难度更是随尺寸增加而倍增。此前,超大直径盾构机主轴承关键技术被国外企业长期垄断。

2023年10月,由我国企业自主研制的直径8.61m盾构机主轴承在湖南长沙下线,这是迄今为止全球直径最大、单体最重、承载最高的整体式盾构机主轴承。它的成功研制,标志着国产超大直径主轴承研制取得重大突破,实现了国产盾构机主轴承从中小直径到超大直径型谱的全覆盖。

这套主轴承由中国铁建重工集团股份有限公司自主研制,可用于驱动18m超大直径盾构机,产品重达62t,能够承受超万吨级载荷;在直径8m多的滚道平面内,平面度小于20μm,制造难度不亚于在米粒上雕花。

盾构机主轴承被列入制约我国工业发展的35项"卡脖子"关键技术,是盾构机全产业链自主化的最后一环。随着8.61m国产超大直径盾构机主轴承顺利下线,我国企业彻底攻克并自主掌握了盾构机主轴承全系列产品从设计、材料到制造、试验全过程关键核心技术,使国产盾构机有了"中国心"。

党的二十大报告提出,要坚持面向世界科技前沿、面向经济主战场、面向国家重大需求、面向人民生命健康,加快实现高水平科技自立自强。我国要在激烈的国际竞争中牢牢把握发展主动权,推动高质量发展,如期全面建成社会主义现代化强国,必须把创新摆在国家发展全局的突出位置,大力实施创新驱动发展战略,加快实现高水平科技自立自强,厚植高质量发展内生动力。

摘选:国产超大直径盾构机主轴承研制获突破;《光明日报》;2023年10月13日08版

【技能训练】

一、训练目的

会拆卸变速器输出轴上的全部滚动轴承。

二、训练器材

训练用手动变速器一台、相关常用工具和专用工具。

三、训练内容

在教师指导下,拆卸变速器输出轴(图5-42)上的全部滚动轴承,并分析各滚动轴承是如何发挥作用的。

拆卸变速器输出轴上全部滚动轴承的具体步骤如下:

1)用手拆下前圆锥滚子轴承。

2)用压床压出输出轴1档齿轮。

3)用手拆下1档齿轮滚针轴承。

图 5-42 变速器输出轴

4）用手拆下 1 档锁环。
5）用压床压出 2 档齿轮。
6）用手拆下 2 档齿轮滚针轴承。
7）用卡簧钳拆下 3 档齿轮弹性挡圈。
8）用压床压出 3 档齿轮。
9）用卡簧钳拆下 3 档齿轮前弹性挡圈。
10）用压床压出 4 档齿轮。
11）用手拆下圆柱滚子轴承。

【课后练习】
1. 简述滚动轴承的组成和分类方法。
2. 滚动轴承有哪些失效形式？
3. 试举例说明滚动轴承在汽车上的应用。

 项目五练习题

一、填空题

1. 轴主要由_____、_____、_____三部分组成。汽车上和轮毂相连接的轴称为_____。
2. 汽车发动机曲轴的轴向固定方法是_____。
3. 发动机中的曲轴主要是将活塞的_____转变为回转运动传给飞轮。
4. 汽车上主要运用的轴是_____和_____。
5. 汽车的传动轴是只承受_____而不承受弯矩或承受弯矩作用很小的轴。
6. 轴的功用是_____回转零件，实现_____并传递_____。
7. 按照轴线形状不同，可以把轴分为_____、_____和_____三大类。
8. 滚动轴承根据滚动体不同，可分为_____和_____两大类。
9. 常见的滚动体有_____、_____、_____、_____、_____等。
10. 一般滚动轴承由_____、_____、_____和_____组成。
11. 轴承是用来_____、_____，并限制传动轴在一定位置运动的机械零件。
12. 按照与轴工作表面间摩擦性质的不同，轴承可分为_____和_____。
13. 轴承代号由_____、_____和_____组成。

二、判断题

（   ）1. 轴常用的材料主要有碳钢、合金钢、球墨铸铁和高强度铸铁。

（　　）2. 轴颈是与轴承配合的轴段，轴头是轴两端的头部。
（　　）3. 轴上零件轴向固定的目的是传递转矩及防止零件与轴产生相对转动。
（　　）4. 凸轮轴和驱动桥中的半轴把轴和轴上零件做成一体，属于特殊的轴。
（　　）5. 按照外形不同，曲轴可分为光轴和阶梯轴两种。
（　　）6. 心轴在实际应用中都是固定的，如支承滑轮的轴。
（　　）7. 在传递的载荷很小时，可以用紧定螺钉或圆锥销进行轴向固定。
（　　）8. 滑动轴承之所以能够承受较大的载荷，是由于其接触面积较大。
（　　）9. 基本代号由轴承类型代号、尺寸系列代号和内径代号构成。
（　　）10. 对汽车进行维护时，给轴承添加的润滑油越多越好。
（　　）11. 滚动轴承内圈与轴承座配合，外圈与轴颈配合。

三、选择题

1. 汽车传动轴的主要作用是_____。
   A. 支承回转零件　　　　　　　　　　B. 传递动力
   C. 既支承回转零件又传递动力　　　　D. 承受较大的弯矩
2. 既支承回转零件又传递动力的轴是_____。
   A. 心轴　　　　　B. 传动轴　　　　C. 转轴　　　　D. 回转轴
3. 下列关于阶梯轴的说法中，正确的是_____。
   A. 直径无变化　　　　　　　　　　B. 直径有变化
   C. 没有统一的轴线　　　　　　　　D. 形状无变化
4. 汽车上的曲轴、直轴和挠性轴的区别在于_____。
   A. 轴线形状不同　　　　　　　　　B. 承载情况不同
   C. 直径变化　　　　　　　　　　　D. 外形不一样
5. 下列各轴中，_____是转轴。
   A. 自行车前轮轴　　　　　　　　　B. 减速器中的齿轮轴
   C. 汽车的传动轴　　　　　　　　　D. 铁路车辆的轴
6. 以下能同时实现轴向固定和周向固定的是_____。
   A. 轴肩或轴环　　B. 圆锥销　　　　C. 键　　　　　D. 圆螺母
7. 自行车前、后轮的车轴属于_____。
   A. 心轴　　　　　B. 支承轴　　　　C. 传动轴　　　D. 光轴
8. 根据工作环境的不同，发动机中的轴系宜采用_____润滑剂。
   A. 润滑油　　　　B. 润滑脂　　　　C. 固体润滑剂　　D. 无须使用
9. 当轴承座圈与座孔配合松动时，应当_____。
   A. 在轴承配合面上打麻点　　　　　B. 修复座孔或更换轴承
   C. 在轴承配合面上垫铜皮　　　　　D. 多加润滑脂
10. 汽车水泵轴承润滑时要选用_____。
    A. 润滑油　　　　B. 防水润滑脂　　C. 干摩擦　　　D. 液体润滑
11. 滚动轴承采用不同的滚动体时，其承受载荷的能力不一样，_____能够承受较大的径向和轴向载荷。
    A. 球体　　　　　B. 圆柱滚子　　　C. 圆锥滚子　　D. 球面滚子

项目六

汽车上的键、销及螺纹连接

【项目描述】

键、销与螺纹连接是汽车上的另一种重要连接,它们主要起固定或定位作用。本项目将通过三个任务的学习,详细介绍键、销与螺纹连接的分类以及它们在汽车上的应用,让学生掌握键、销与螺纹的基本理论知识,了解如何对相关零部件进行固定或定位,懂得键、销与螺纹连接在汽车上的应用,为后续相关内容的学习打下基础。同时,通过本项目的学习,也可进一步提升学生对汽车机械基础这门课程的学习兴趣。

 任务一　认识键连接及其应用

【学习目标】

目标类型	目标要求
知识目标	1. 了解键的类型和作用 2. 懂得键连接在汽车上的应用
技能目标	会装配各种类型的键

（续）

目标类型	目标要求
职业素养	1. 能根据工作任务需要，搜集、整理和学习相关资源信息并制订出工作计划，开展任务实施和总结 2. 具有良好的沟通能力、团队合作精神 3. 具有安全生产、成本节约、环境保护与节能的意识

【基本理论知识】

1. 键连接的作用

键连接主要用于将轴与轴上零件（如齿轮、带轮、凸轮等）结合在一起，实现周向固定，并传递转矩，如图 6-1 所示。有的键连接兼作轴上零件的轴向固定或轴向滑动。键连接拆装方便、结构简单、工作可靠，在生产中应用广泛。

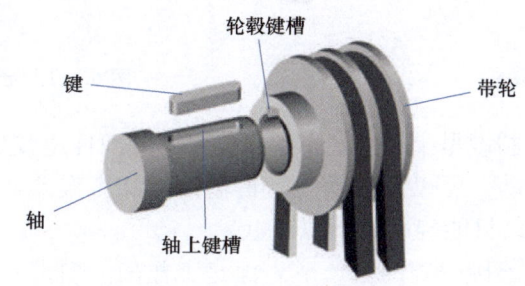

图 6-1　键连接

2. 键连接的分类

键是标准件，根据键的结构形式，键连接可分为平键连接、半圆键连接、楔键连接、切向键连接和花键连接等几类。

（1）平键连接　平键是矩形截面的连接件，它的下表面与轴上键槽紧贴，上表面与轮毂键槽顶面之间留有间隙，两侧面为工作面，依靠键与键槽侧面的挤压力传递转矩。

平键只起周向定位作用，不起轴向定位作用，不能承受轴向力。平键易于制造、拆装方便，轴与轴上零件的对中性好。平键按用途不同，可分为普通平键、导向平键和滑键三种。

1）普通平键。普通平键用于静连接，即轴与轮毂间无相对轴向移动，它在键连接中应用最为普遍。按端部结构不同，普通平键可分为圆头普通平键、平头普通平键和单圆头普通平键，如图 6-2 所示。

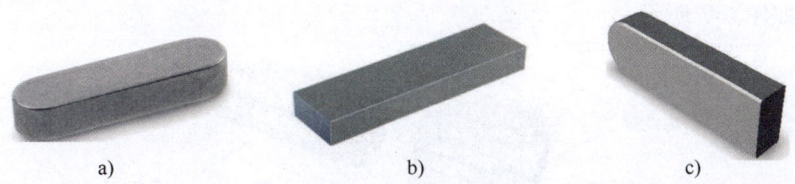

a)　　　　　　　　b)　　　　　　　　c)

图 6-2　普通平键的类型

a) 圆头普通平键　b) 平头普通平键　c) 单圆头普通平键

2）导向平键。当轮毂需要沿轴向相对移动时，可将普通平键加长成为导向平键。导向平键用于动连接，其所在轴与轮毂之间有相对轴向移动。导向平键比普通平键长，为防止键体在轴中松动，用两个螺钉将其固定在轴上键槽中，键的中部设有起键螺孔，以便拆卸，如图 6-3 所示。

3）滑键。当轮毂沿轴向需滑移的距离较大时，所需导向平键的长度就会过大，导致制造困难，此时宜采用滑键。滑键固定在轮毂上，随轮毂一起在轴上的键槽中做轴向移动，如图 6-4a 所示的双钩头滑键和图 6-4b 所示的单圆钩头滑键。双钩头滑键的两端钩头卡在轮毂两侧，单圆钩头滑键的圆钩头嵌入轮毂中。滑键主要适用于轴上零件移动量较大的场合。

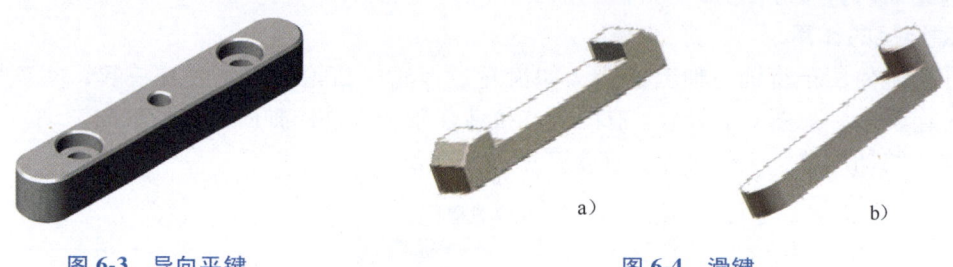

图 6-3　导向平键　　　　　　　　　图 6-4　滑键

（2）半圆键连接　半圆键呈半圆形，工作时依靠两侧面传递转矩，如图 6-5 所示。键在轮槽中能绕其几何中心摆动，可以适应轮毂上键槽由于加工误差造成的斜度。但键槽窄而深，削弱了轴的强度，所以只能传递较小的转矩。

（3）楔键连接　楔键连接中键的上、下表面是工作面。楔键有普通楔键和钩头型楔键两种类型，如图 6-6 所示。

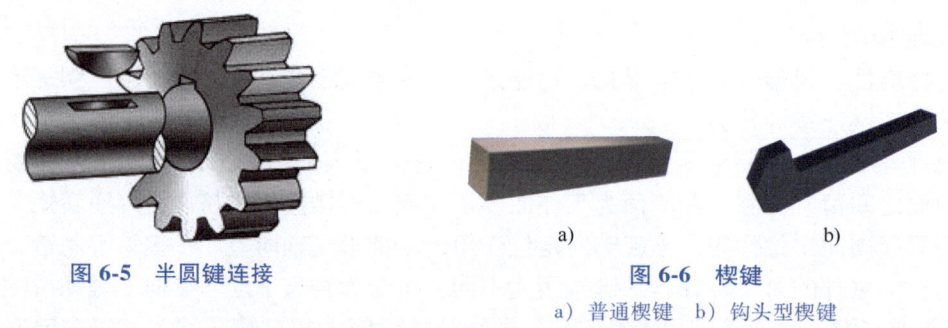

图 6-5　半圆键连接　　　　　　　　图 6-6　楔键
　　　　　　　　　　　　　　　　　a）普通楔键　b）钩头型楔键

（4）花键连接　花键连接是由周向均布的多个键齿的花键轴与带有相应键齿槽的轮毂相配合而组成的连接。在轴上加工出的多个键齿称为外花键，在轮毂孔内加工出的多个键槽称为内花键，如图 6-7 所示。

图 6-7　外花键和内花键

根据键齿形状的不同，常见的花键分为矩形花键和渐开线花键两种，如图6-8所示。

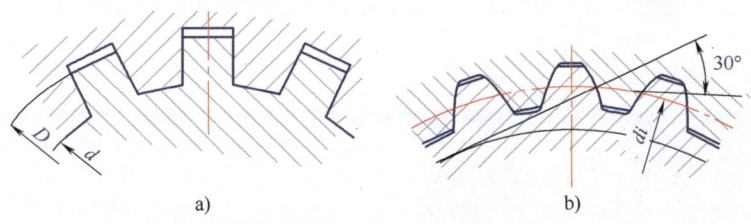

图6-8　矩形花键和渐开线花键
a）矩形花键　b）渐开线花键

与平键连接相比，花键连接具有以下优点：
1）轴上零件与轴的对中性好。
2）对轴的削弱程度较轻。
3）承载能力强。
4）导向性好。

花键连接的缺点是制造比较复杂，需使用专用设备，成本高。

3. 键连接在汽车上的应用

目前，花键连接因其良好的性能，在汽车变速器和传动轴中应用较多，如图6-9和图6-10所示。

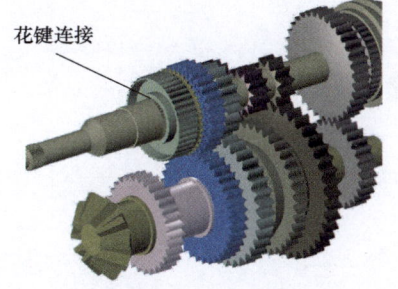

图6-9　汽车变速器

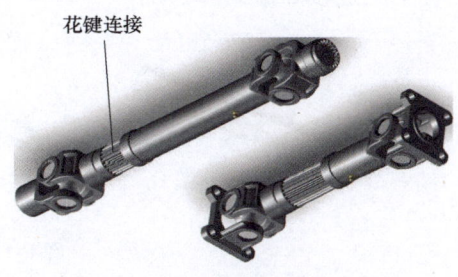

图6-10　汽车传动轴

【技能训练】

一、训练目的
装配各种类型的键。

二、训练器材
各种类型的键、轴与相配合的齿轮等。

三、训练内容
认识并学会拆装各种类型的键。

【课后练习】

1. 键连接的作用是什么？
2. 键连接有哪些类型？
3. 试举例说明花键连接在汽车上的应用。

任务二 认识销连接及其应用

【学习目标】

目标类型	目标要求
知识目标	1. 了解销的类型和作用 2. 了解销在汽车上的应用
技能目标	认识汽车中的各类销
职业素养	1. 能根据工作任务需要，搜集、整理和学习相关资源信息并制订出工作计划，开展任务实施和总结 2. 具有良好的沟通能力、团队合作精神 3. 具有安全生产、成本节约、环境保护与节能的意识

【基本理论知识】

1. 销连接的功用

销连接主要用来固定零件之间的相对位置，主要起定位作用，也可用于轴与轮毂的连接，还可作为安全装置中的过载剪断元件。

2. 销的分类

（1）按形状分类　根据形状不同，销可分为圆柱销、圆锥销和开口销等，如图 6-11 所示，三种销的连接如图 6-12 所示。

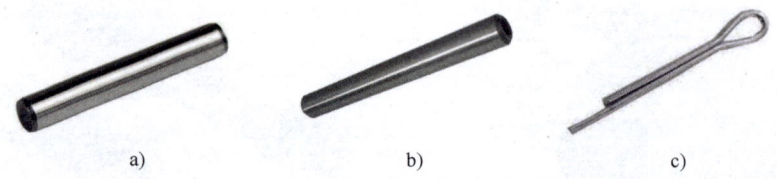

图 6-11　销的类型

a）圆柱销　b）圆锥销　c）开口销

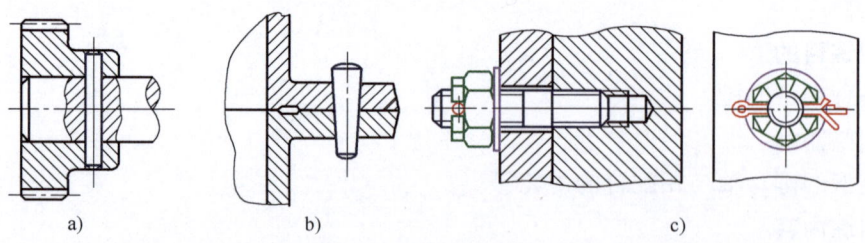

图 6-12　销的连接

a）圆柱销连接　b）圆锥销连接　c）开口销连接

（2）按用途分类　销按用途不同，可分为定位销、连接销和安全销三类。定位销主要用于确定零件之间的相对位置，给零件定位。连接销主要用于零件之间的连接，传递动力或转矩。安全销主要用于安全保护装置中的过载剪断元件。

3. 销在汽车上的应用

销因其良好的性能在汽车上有较多的应用，如发动机活塞销、制动鼓开口销、万向节主销等，如图 6-13~图 6-15 所示。

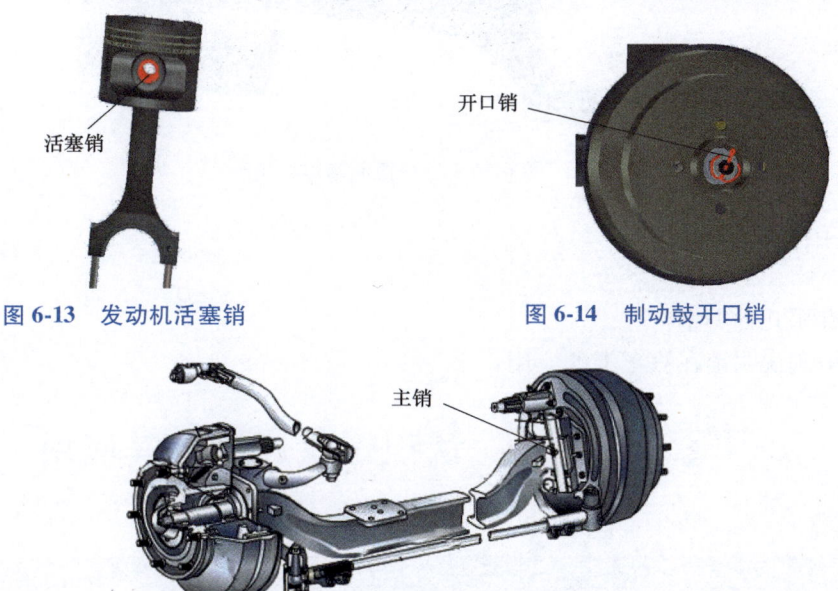

图 6-13　发动机活塞销　　　　　图 6-14　制动鼓开口销

图 6-15　万向节主销

其中，活塞销的作用是连接活塞和连杆，并传递两者之间的作用力；制动鼓开口销的作用是防止制动鼓轴承调整螺母松动脱落；万向节主销的作用是铰接前轴及万向节，使万向节绕着主销摆动，以实现车轮的转向。

【技能训练】

一、训练目的

认识汽车中的各类销。

二、训练器材

各种类型的销、发动机活塞连杆组。

三、训练内容

1）认识各种类型的销。

2）观察发动机活塞连杆组（图 6-16），找出活塞销的位置，并分解活塞连杆组。

分解活塞连杆组的具体操作步骤如下：

① 用手取下连杆轴承上轴瓦。

② 用活塞环拆装钳拆下第一道气环。

③ 用活塞环拆装钳拆下第二道气环。

④ 用活塞环拆装钳拆下油环。

⑤ 用卡簧钳拆下活塞销卡环。

⑥ 用手拆下活塞销。

图 6-16　发动机活塞连杆组

⑦ 用手拆下活塞。

【课后练习】

1. 销有哪几种类型？
2. 试举例说明销在汽车上的应用。

任务三　认识螺纹连接及其应用

【学习目标】

目标类型	目标要求
知识目标	1. 了解螺纹的类型和主要参数 2. 了解螺纹连接的类型 3. 了解螺纹连接在汽车上的应用
技能目标	认识汽车发动机上螺纹的类型
职业素养	1. 能根据工作任务需要，搜集、整理和学习相关资源信息并制订出工作计划，开展任务实施和总结 2. 具有良好的沟通能力、团队合作精神 3. 具有安全生产、成本节约、环境保护与节能的意识

【基本理论知识】

螺纹是在圆柱或圆锥体表面制出的螺旋线形的、具有特定截面的连续凸起部分。螺纹连接是利用螺纹连接件构成的可拆连接，其拆装方便、结构简单，广泛应用于各种机械设备中。

【拓展阅读】

再复杂的'大国重器'，也要从造好一颗'螺丝钉'开始

徐工 2600t 全地面起重机（以下简称"XCA2600"）是徐工集团自主研发的新一代超级起重机，最大起重量可达 2600t，特别在 160m 起吊高度下，可实现 173t 的极限吊重，是工程装备行业公认的科技含量最高、研发难度最大的产品之一，被誉为工程机械技术的"珠峰之巅"。

能想象吗？XCA2600这样的"大家伙"，曾一度因为一根小小的螺纹轴而中断研发。

2015年，根据设计图样生产的第一批产品，在极限试验中屡次发生断裂。经过数十次失败，用上所有方法分析断裂截面，研发团队发现，问题出在承重部件的一根螺纹轴上。

关键时刻，公司"000001"号特级技师孟维挺身而出，"螺纹轴之所以容易断裂，是因为轴上的异形螺纹加工精度不够，所以连接处不够顺滑、受力不均，加工工艺需要改进。"

刀具是打磨精密零部件的关键。孟维提出，想提升异形螺纹的加工精度，还得从刀具入手。然而，螺纹轴零件重达139kg，市面上并没有适配的刀具来加工。

此前，孟维团队用18把非标刀具拼接成新刀具来加工螺纹轴，可惜没有成功。怎么办？孟维团队反复试验，先后推翻了20多种方案，最终研制出了一套精确到微米的专用刀具。

"第一批，我们只做出了20根螺纹轴，成功率还比较低。"孟维说，后来经过持续优化，成功率一点点提升，逐步适应了批量化生产要求。

突破技术瓶颈，成就了徐工集团出品"全球第一吊"。如今，由孟维加工出来的超起转接结构，已广泛应用于徐工千吨级超大吨位起重机上。

每一次重大科技成就，每一个超级工程背后，都离不开大国工匠的聪明才智与艰辛付出。他们心灵手巧、勇于创新，在世界科技革命和产业变革大潮下逐浪拼搏、追求卓越；他们择一事终一生，偏毫厘不敢安，以持之以恒的学习、钻研和坚守，擦亮大国重器的金字招牌。

摘选：探访"全球第一吊"——徐工两千六百吨全地面起重机 吊装重器 领先全球；《人民日报》；2023年6月7日第18版

1. 螺纹的类型

（1）按螺纹的牙型分类 在通过螺纹轴线的剖面上，螺纹的轮廓形状称为螺纹牙型。根据螺纹牙型的不同，螺纹可分为三角形螺纹、矩形螺纹、梯形螺纹、锯齿形螺纹等，如图6-17所示。

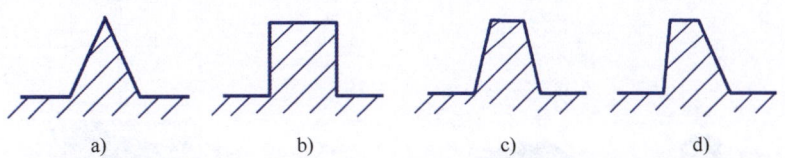

图6-17 螺纹的牙型
a) 三角形螺纹 b) 矩形螺纹 c) 梯形螺纹 d) 锯齿形螺纹

（2）按螺纹的旋向分类 螺纹按旋向不同，可分为左旋螺纹和右旋螺纹两类，如图6-18所示。左旋螺纹是指由轴端方向看，依逆时针方向旋转而向前行进的螺纹。右旋螺纹是指由轴端方向看，依顺时针方向旋转而向前行进的螺纹。一般情况下，如无特别说明，都是右旋螺纹。

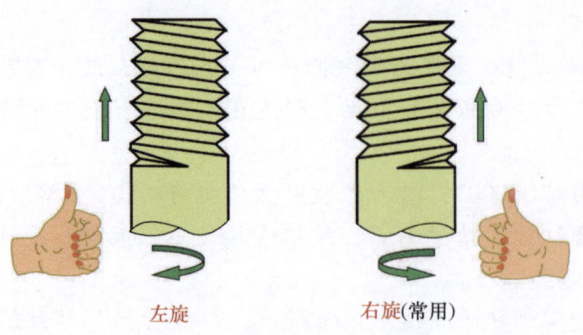

图 6-18 左旋螺纹和右旋螺纹

旋向的判断也可以采用以下方法：将螺纹轴线竖直放直，若螺旋线右高左低，为右旋；反之，则为左旋。

（3）按螺纹的线数分类　根据螺旋线的数目，螺纹分为单线螺纹和多线螺纹。由一条螺旋线绕于基柱上所形成的螺纹称为单线螺纹，如图 6-19a 所示。由两条或两条以上在轴向等距分布的螺旋线绕于基柱上所形成的螺纹称为多线螺纹，如图 6-19b 所示。

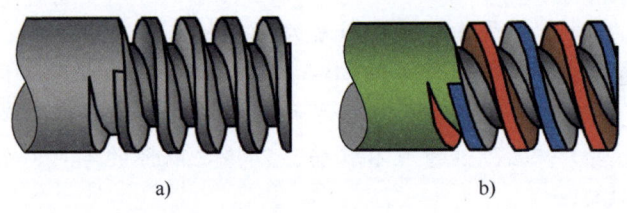

图 6-19 螺纹按线数分类
a）单线螺纹　b）多线螺纹

（4）按螺纹的位置分类　按螺纹依附基柱的内、外表面情况，螺纹可分为外螺纹和内螺纹。外螺纹是指在圆柱或圆锥外表面上所形成的螺纹，如图 6-20a 所示；内螺纹是指在圆柱或圆锥内表面上所形成的螺纹，如图 6-20b 所示。

2. 螺纹的主要参数

螺纹的主要参数有大径、小径、中径、螺距和导程等，如图 6-21 和表 6-1 所示。

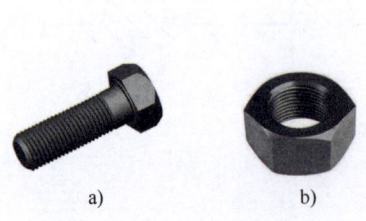

图 6-20 外螺纹和内螺纹
a）外螺纹　b）内螺纹

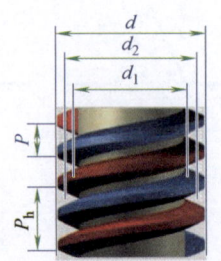

图 6-21 螺纹的主要参数

表 6-1　螺纹的主要参数

主要参数	说　明	代　号
大径	螺纹的最大直径。外螺纹是指牙顶圆柱直径（d），内螺纹是指牙底圆柱直径（D）	d 或 D
小径	螺纹的最小直径。外螺纹是指牙底圆柱直径（d_1），内螺纹是指牙顶圆柱直径（D_1）	d_1 或 D_1
中径	处于大径和小径之间的一个假想圆柱的直径，该圆柱的素线位于牙型上凸起和沟槽宽度相等处	d_2 或 D_2
螺距	相邻螺纹牙间对应点间的轴向距离	P
导程	同一条螺旋线上的牙型对应点间的轴向距离	P_h

3. 螺纹连接的类型

螺纹连接的基本类型有螺栓连接、双头螺柱连接、螺钉连接和紧定螺钉连接。前两种需拧紧螺母才能实现连接，后两种不需要螺母，常用的为前三种类型。

（1）螺栓连接　螺栓连接是将螺栓穿过被连接件的孔，然后拧紧螺母，将被连接件连接起来，如图 6-22 所示。

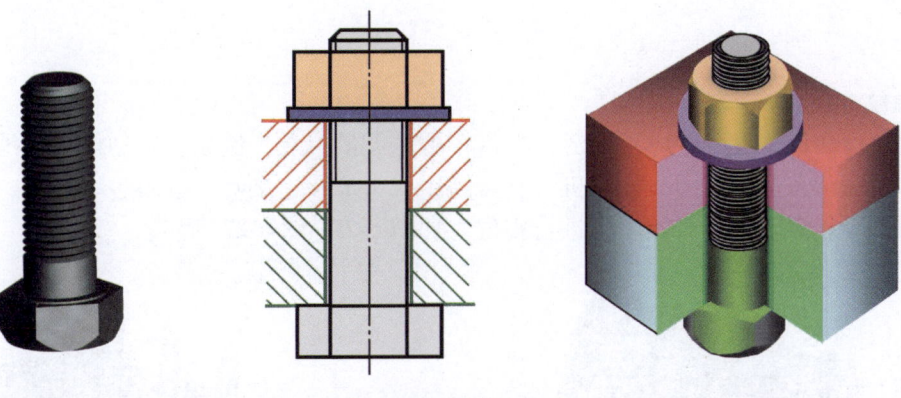

图 6-22　螺栓连接

螺栓连接的特点是结构简单、装拆方便，使用时不受被连接件材料的限制，所以其应用极广。

（2）双头螺柱连接　双头螺柱连接是用双头螺柱、垫圈、螺母来固定被连接零件的，如图 6-23 所示。

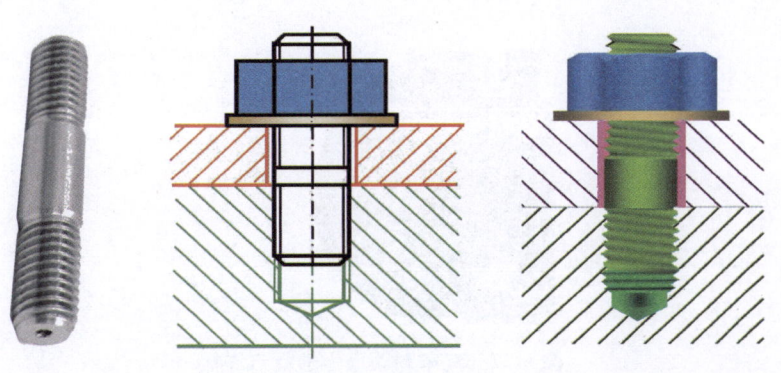

图 6-23　双头螺柱连接

双头螺柱连接的特点是被连接件上要切制螺纹，通常用于被连接件太厚或太软，不宜开通孔，可以经常拆装的场合。

（3）螺钉连接　螺钉连接如图6-24所示，它的特点是被连接件上要切制螺纹，通常用于被连接件太厚或太软，不宜开通孔的场合。但螺钉连接不宜经常装拆，以免螺孔损坏，这点与双头螺柱连接不同。

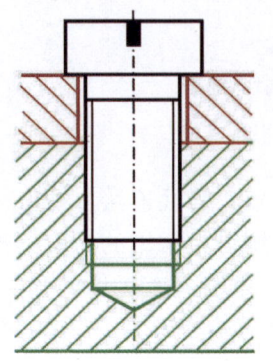
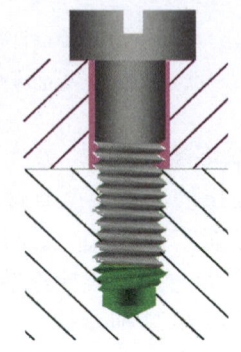

图 6-24　螺钉连接

4. 螺纹连接在汽车上的应用

螺纹连接在机械设备中应用广泛，在汽车中也大量存在。例如，发动机主轴承盖使用螺栓连接对主轴承盖进行紧固，发动机气缸盖使用双头螺柱连接对气缸盖进行固定，制动系统中的制动盘使用螺钉连接对制动盘进行定位，如图6-25～图6-27所示。

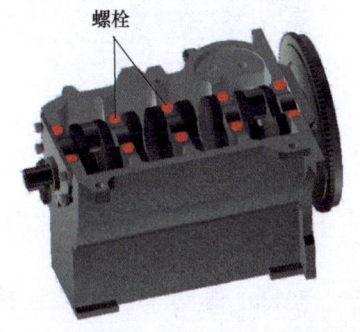

图 6-25　发动机主轴承盖上的螺栓连接

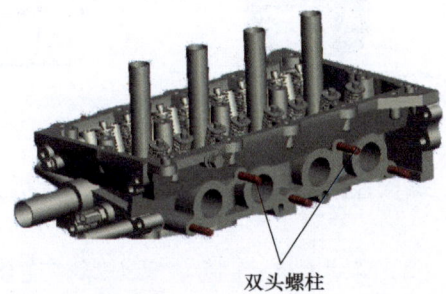

图 6-26　发动机气缸盖上的双头螺柱连接

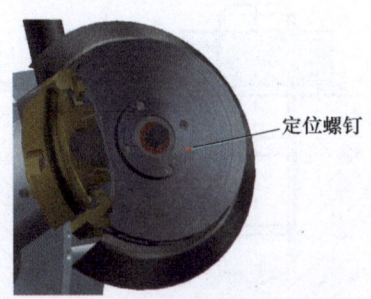

图 6-27　汽车制动盘上的螺钉连接

【技能训练】

一、训练目的

认识汽车发动机上螺纹的类型。

二、训练器材

实训发动机一台、相关拆装工具。

三、训练内容

观察发动机上的各类螺纹，指出它们的类型。

【课后练习】

1. 螺纹有哪些分类方法？
2. 常用螺纹连接有哪几种类型？
3. 试举例说明本项目中几种类型的螺纹连接在汽车上的应用。

项目六练习题

一、填空题

1. 普通平键的对中性良好，拆装方便，适用于高速、高精度和承受变载、冲击的场合，但不能实现轴上零件的_____。
2. 键连接主要是用于轴与轴上零件的_____，并传递_____。
3. 普通平键按键的端部形状不同，可分为_____、_____和_____三种形式。
4. 变速器中的滑移齿轮应用的是_____平键。
5. 定位销用于固定零件间的_____或作为组合加工装配时的_____。
6. 按照形状不同，销一般可分为_____、_____、_____三类。
7. 螺纹连接除了可以实现传动以外，也可以对零件进行_____。
8. 按螺纹位置的不同，螺纹可分为_____螺纹和_____螺纹两大类。
9. 按旋向划分，螺纹可分为_____和_____；按螺旋线数划分，螺纹可分为_____和_____；按牙型划分，螺纹可分为_____、_____、_____和_____等。
10. 拆卸螺栓连接时，要根据螺栓的_____和_____选择合适的工具。

二、判断题

（　）1. 楔键的两侧面为工作面。
（　）2. 键连接具有结构简单、工作可靠、拆装方便和标准化等特点。
（　）3. 普通平键、楔键、半圆键都以其两侧面为工作面。
（　）4. 键连接属于不可拆连接。
（　）5. 普通平键的上表面具有1∶100的斜度，其工作面为上、下表面。
（　）6. 销可用来传递动力或转矩。
（　）7. 汽车的转向主销一般都是圆锥销。
（　）8. 销连接属于可拆连接。
（　）9. 圆柱销比圆锥销的定位精度高。

（　　）10. 在孔内表面上切制的螺纹称为外螺纹。

（　　）11. 螺栓连接的防松就是防止螺纹副的相对转动。

（　　）12. 螺栓连接在装配时要拧紧螺母，使螺栓连接受到预紧力的作用。

（　　）13. 通过普通螺纹的标记，可以识别螺纹的旋向及螺纹属于粗牙或细牙。

（　　）14. 因为三角形螺纹的摩擦力大、强度高、自锁性能好，所以其在汽车中的应用很广泛。

（　　）15. 螺纹连接是汽车结构中最主要的可拆连接形式之一。

三、选择题

1. 根据_____的不同，平键可分为 A 型、B 型、C 型三种。
   A. 截面形状　　　　B. 钩头楔键　　　　C. 楔键　　　　D. 切向键

2. 在大型绞车轮的键连接中，通常采用_____。
   A. 普通平键　　　　B. 切向键　　　　C. 楔键　　　　D. 钩头型楔键

3. 楔键的_____有 1∶100 的斜度。
   A. 上表面　　　　B. 下表面　　　　C. 两侧面

4. 常用的松键连接有_____连接两种。
   A. 普通平键和半圆键　　　　B. 普通平键和普通楔键
   C. 滑键和切向键　　　　　　D. 楔键和切向键

5. 在普通平键的三种型号中，_____平键在键槽中不会发生轴向移动，应用最广。
   A. 圆头　　　　B. 平头　　　　C. 单圆头

6. 汽车发动机气缸体与气缸盖的连接往往采用_____。
   A. 螺栓连接　　B. 螺钉连接　　C. 双头螺柱连接　　D. 紧定螺钉连接

7. 发动机的进气管、排气管、油底壳、连杆大头均采用_____连接。
   A. 螺栓　　　　B. 螺钉　　　　C. 双头螺柱　　　　D. 紧定螺钉

8. 常见的连接螺纹是_____螺纹。
   A. 单线左旋　　B. 单线右旋　　C. 双线左旋　　D. 双线右旋

9. 下列螺纹中，不用于传动的是_____。
   A. 管螺纹　　　B. 锯齿形螺纹　　C. 矩形螺纹　　D. 梯形螺纹

10. 在螺纹连接的防松方法中，开口销与槽型螺母属于_____防松。
    A. 机械　　　　B. 摩擦　　　　C. 永久　　　　D. 固定

项目七

汽车联轴器、离合器和制动器

【项目描述】
　　联轴器、离合器和制动器是汽车的重要组成部件,它们起着传动和制动的作用。本项目将通过三个任务的学习,介绍汽车联轴器、离合器和制动器的功用和类型以及它们在汽车上的应用,让学生掌握联轴器、离合器和制动器的基本理论知识,为以后相关内容的学习打下基础。同时,通过本项目的学习,也可进一步提高学生对汽车机械基础这门课程的学习兴趣。

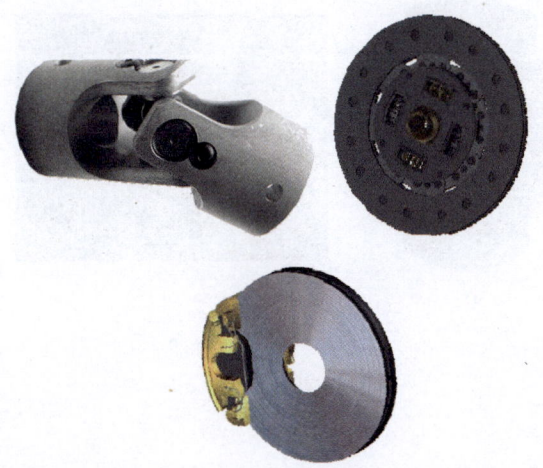

 **任务一　联轴器的选择及应用**

【学习目标】

目标类型	目标要求
知识目标	1. 了解联轴器的作用和类型 2. 了解联轴器在汽车上的应用
技能目标	会检查球笼式万向联轴器

目标类型	目标要求
职业素养	1. 能根据工作任务需要，搜集、整理和学习相关资源信息并制订出工作计划，开展任务实施和总结 2. 具有良好的沟通能力、团队合作精神 3. 具有安全生产、成本节约、环境保护与节能的意识

【基本理论知识】

联轴器的作用是连接不同机构或部件上的两根轴，进行运动和动力的传递。用联轴器连接的两轴，只有在机器停止工作后，经过拆卸才能将其分离。

1. 联轴器的类型

联轴器种类繁多，按照被连接两轴的相对位置和位置的变动情况，可以分为固定式联轴器和可移式联轴器。

（1）固定式联轴器　固定式联轴器主要用于两轴要求严格对中并在工作中不发生相对位移的地方。这类联轴器一般结构简单，容易制造，且两轴瞬时转速相同，主要有凸缘联轴器（图7-1）、套筒联轴器（图7-2）、夹壳联轴器（图7-3）。

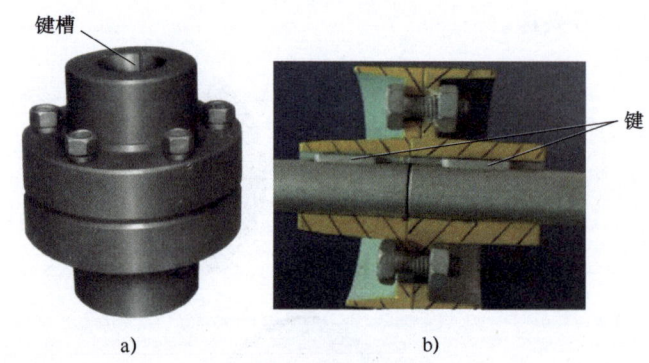

图 7-1　凸缘联轴器
a）实物图　b）解剖图

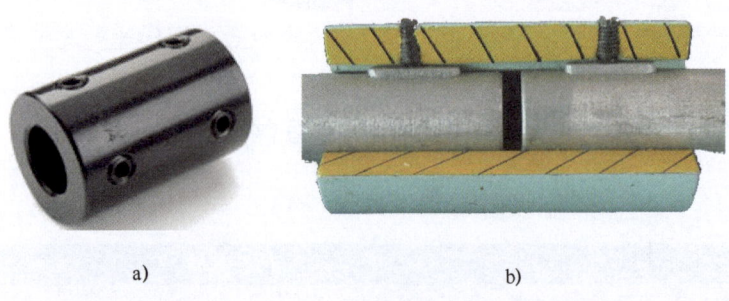

图 7-2　套筒联轴器
a）实物图　b）解剖图

（2）可移式联轴器　可移式联轴器主要用于两轴有偏斜或在工作中有相对位移的地方，

两轴各种位移如图 7-4 所示。

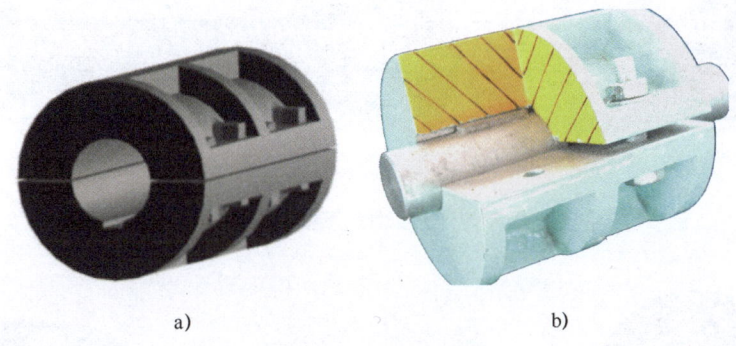

图 7-3 夹壳联轴器
a）实物图 b）解剖图

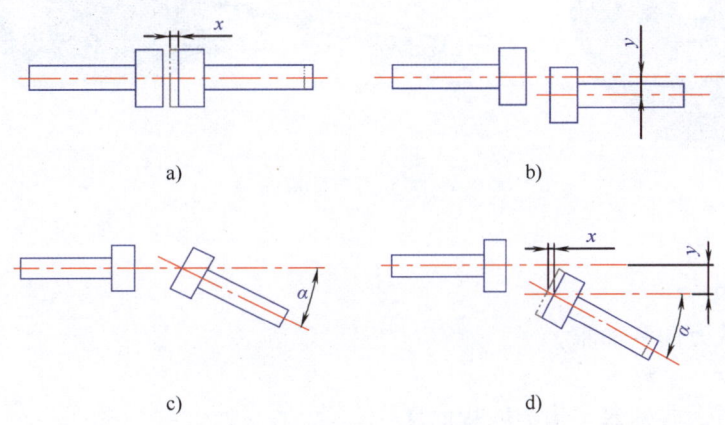

图 7-4 两轴各种位移
a）轴向位移 x b）径向位移 y c）角位移 α d）综合位移 x、y、α

根据补偿位移的方法不同，可移式联轴器又可分为刚性可移式联轴器和弹性可移式联轴器。

刚性可移式联轴器利用联轴器工作零件间构成的动连接具有某一方向或几个方向的活动度，来补偿两轴的偏斜和位移，如牙嵌联轴器（允许轴向位移）、十字沟槽联轴器（用来连接平行位移或角位移很小的两根轴）、万向联轴器（用于两轴有较大偏斜角或在工作中有较大角位移的地方）、齿式联轴器（允许综合位移）等。

弹性可移式联轴器（简称弹性联轴器）利用弹性元件的弹性变形来补偿两轴的偏斜和位移，同时弹性元件也具有缓冲和减振的作用，如蛇形弹簧联轴器、径向多层板簧联轴器、弹性套柱销联轴器、弹性柱销联轴器、橡胶套筒联轴器等。

2. 联轴器在汽车上的应用

联轴器在汽车上的应用比较多，最典型的应用是用来连接汽车传动轴的十字轴式万向联轴器和用来连接半轴的球笼式万向联轴器，它们都是刚性可移式联轴器，如图 7-5 和图 7-6 所示。另外，汽车上比较常用的还有球叉式万向联轴器、三轴式万向联轴器等。

 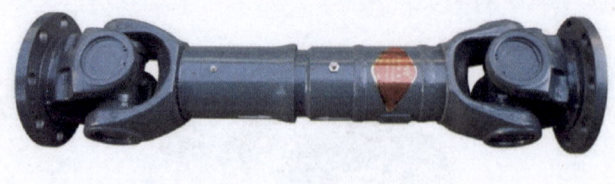

图 7-5　十字轴式万向联轴器

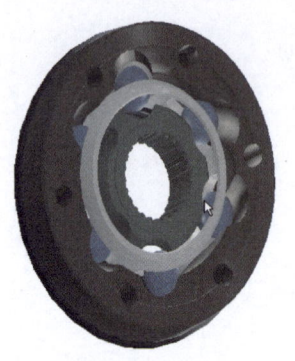 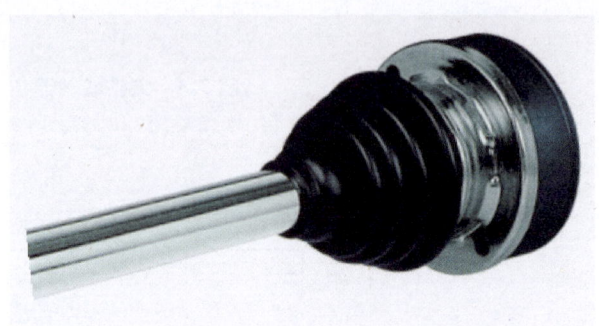

图 7-6　球笼式万向联轴器

【技能训练】

一、训练目的

会检查球笼式万向联轴器。

二、训练器材

轿车球笼式万向联轴器、相关拆装工具。

三、训练内容

分解球笼式万向联轴器（图 7-7），检查各部件是否磨损、变形。

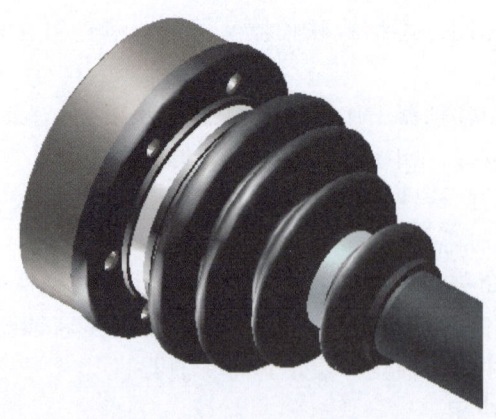

图 7-7　球笼式万向联轴器

分解球笼式万向联轴器的具体操作步骤如下：

1）用卡簧钳拆下内万向挡圈。

2）用尖嘴钳拆下内万向节大夹箍。
3）用手取下内万向节总成。
4）用手取出碟形垫圈。
5）用尖嘴钳拆下内万向节小夹箍。
6）用手取下内万向节橡皮护套。
7）用电蚀笔把内万向节中的钢球、保持架和星形套做上标记。
8）用手拆下盖。
9）用手移开筒形壳。
10）用手取出内万向节星形套与保持架的组件。
11）用手取出内万向节中的六个钢球。
12）用手取出内万向节星形套。
13）用手取下内万向节保持架。

【课后练习】
1. 联轴器的作用是什么？
2. 联轴器有哪些类型？
3. 试举例说明联轴器在汽车上的应用。

任务二　离合器的选择及应用

【学习目标】

目标类型	目标要求
知识目标	1. 了解离合器的功用和类型 2. 了解离合器在汽车上的应用
技能目标	认识膜片弹簧离合器的结构
职业素养	1. 能根据工作任务需要，搜集、整理和学习相关资源信息制订出工作计划，开展任务实施和总结 2. 具有良好的沟通能力、团队合作精神 3. 具有安全生产、成本节约、环境保护与节能的意识

【基本理论知识】

离合器是主、从动部分在同轴线上传递动力或运动时，具有接合或分离功能的装置。离合器与联轴器一样，可以用来连接两轴，但不同的是，离合器可根据工作需要，在机器运转过程中随时使两轴分离或接合。

1. 离合器的功用

汽车离合器安装在发动机与变速器之间，它的功用如下：
1）使发动机与变速器逐渐接合，保证汽车平稳起步。
2）暂时切断发动机的动力传动，保证变速器换档平顺。

3)限制所传递的转矩,防止传动系统过载。

2. 离合器的分类

汽车离合器主要分为三种类型,即摩擦式离合器、液力耦合器、电磁离合器。摩擦式离合器用于控制发动机的动力传递,在汽车中应用最广泛,是本任务中主要讲解的内容。液力耦合器主要用于自动变速器中实现自动变速的操作,电磁离合器主要用于汽车空调中的控制单元,这两种类型的离合器在本任务中不进行具体介绍。

摩擦式离合器按压紧弹簧的形式不同,又可分为膜片弹簧离合器、中央弹簧离合器和周布弹簧离合器三种,常用的为膜片弹簧离合器和周布弹簧离合器。

(1)膜片弹簧离合器 膜片弹簧离合器的主动部分、从动部分和压紧机构都安装于发动机飞轮壳内,由飞轮、压盘、从动盘和离合器盖等机件组成,如图7-8所示,膜片弹簧作为压紧弹簧。膜片弹簧离合器广泛用于轿车和轻、中型汽车上,如上海桑塔纳汽车、神龙富康轿车等。

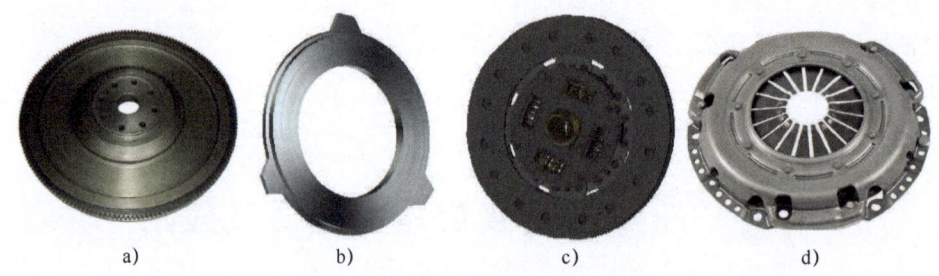

图7-8 膜片弹簧离合器的组成部分
a)飞轮 b)压盘 c)从动盘 d)离合器盖

(2)周布弹簧离合器 周布弹簧离合器的压紧弹簧采用圆柱螺旋弹簧,并均匀地布置在一个圆周上,如图7-9所示。周布弹簧离合器与膜片弹簧离合器的工作原理一样,也是依靠摩擦力来传递转矩的,只是它的压紧力由螺旋弹簧提供。

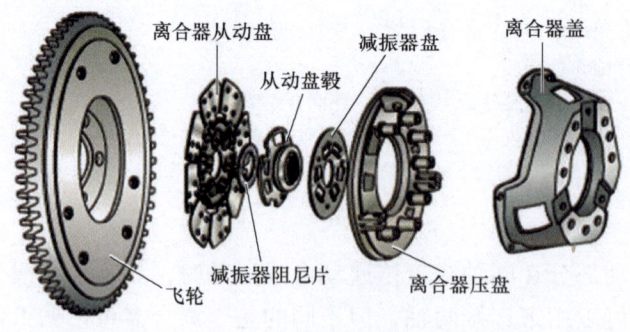

图7-9 周布弹簧离合器

3. 汽车离合器的安装位置

汽车离合器位于发动机和变速器之间的飞轮壳内,用螺钉将离合器总成固定在飞轮的后平面上,如图7-10所示。

项目七 汽车联轴器、离合器和制动器

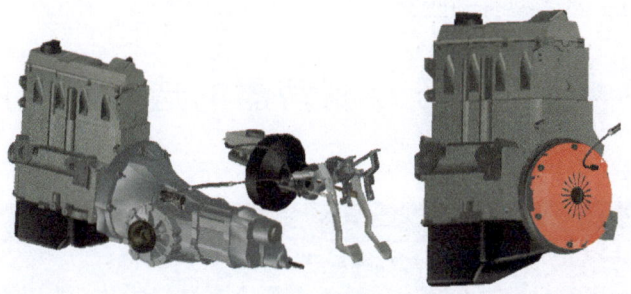

图 7-10　离合器的安装位置

【技能训练】

一、训练目的

认识膜片弹簧离合器的结构。

二、训练器材

汽车膜片弹簧离合器总成、相关拆装工具。

三、训练内容

学生按照图 7-11 中的箭头方向逐个认识各结构。

图 7-11　认识膜片弹簧离合器的结构

【课后练习】

1. 离合器的作用是什么？

99

2. 汽车离合器的主要类型有哪些？

任务三　制动器的选择及应用

【学习目标】

目标类型	目标要求
知识目标	1. 了解制动器的作用和类型 2. 了解制动器在汽车上的应用
技能目标	认识汽车鼓式制动器的结构
职业素养	1. 能根据工作任务需要，搜集、整理和学习相关资源信息制订出工作计划，开展任务实施和总结 2. 具有良好的沟通能力、团队合作精神 3. 具有安全生产、成本节约、环境保护与节能的意识

【基本理论知识】

制动器是具有使运动部件（或运动机械）减速、停止或保持停止状态等功能的装置。为了减小制动力矩，常将制动器装在高速轴上。

按照制动零件的结构特征分类，有带式制动器、盘式制动器和鼓式制动器。按工作状态分类，有常闭式制动器和常开式制动器。常闭式制动器经常处于紧闸状态，施加外力时才能解除制动，如起重机用制动器。常开式制动器经常处于松闸状态，施加外力时才能制动，如车辆用制动器。

目前，汽车常用制动器类型主要为盘式制动器和鼓式制动器两种。

1. 盘式制动器

盘式制动器由液压控制，主要零部件有制动盘、制动分泵、制动钳、摩擦块和油管等，如图 7-12 所示。盘式制动器散热快、重量轻、构造简单、调整方便，特别是高负载时耐高温性能好，制动效果稳定，而且不怕泥水侵袭，能在冬季和恶劣路况下行车。

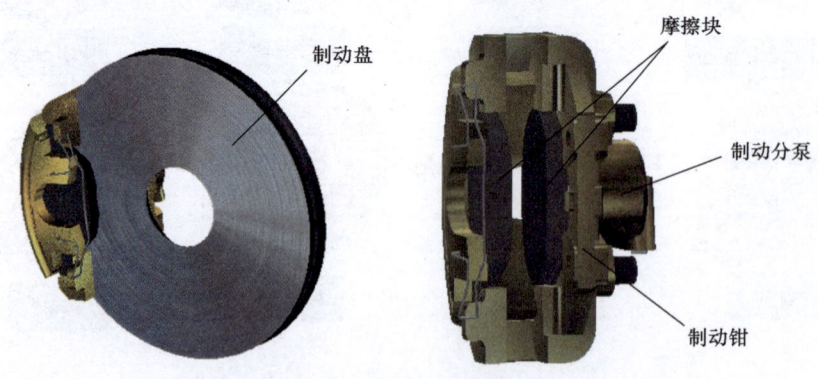

图 7-12　盘式制动器

盘式制动器已广泛应用于轿车上，并且现在大部分轿车用于全部车轮，少数轿车只用作前轮制动器，与后轮的鼓式制动器配合，以使汽车在制动时有较高的方向稳定性。在商用车中，盘式制动器在新车型及高端车型中逐渐被采用。

2. 鼓式制动器

鼓式制动器是利用制动蹄片挤压制动鼓而获得制动力的，它的主要零部件有制动鼓、制动蹄、回位弹簧、定位销、定位弹簧、制动轮缸和制动底板等，如图 7-13 所示。近些年来，鼓式制动器在轿车领域已经逐步退出，被盘式制动器取代。但由于其成本比较低，仍然在一些经济类轿车中被使用，主要用于制动负荷比较小的后轮和驻车制动。

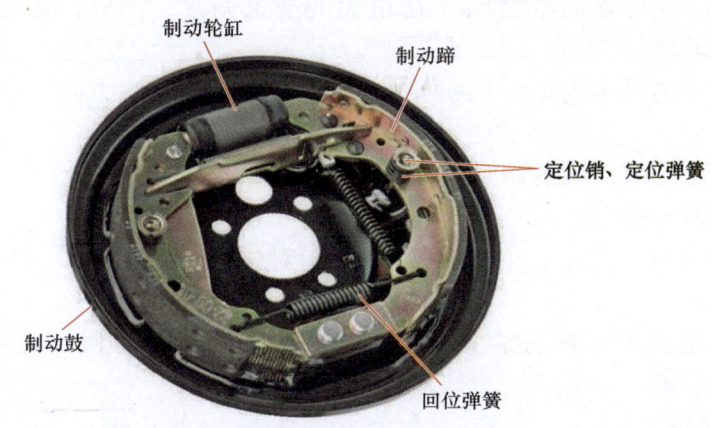

图 7-13 鼓式制动器

【技能训练】

一、训练目的

认识鼓式制动器的结构。

二、训练器材

带有鼓式制动器的车辆一台、相关拆装工具。

三、训练内容

拆下车轮，逐个认识鼓式制动器（图 7-13）中的制动鼓、制动蹄、回位弹簧、定位销、定位弹簧、制动轮缸、制动底板。

分解鼓式制动器的具体操作步骤如下：

1）用鲤鱼钳拆下压缩弹簧座圈、压缩弹簧及夹紧销。

2）用鲤鱼钳取下下回位弹簧。

3）用鲤鱼钳取下上回位弹簧。

4）用鲤鱼钳取下楔形键回位弹簧。

5）用手移开制动蹄总成。

6）用鲤鱼钳取下回位弹簧。

7）用手取下带制动杆的制动蹄。

8）用手取下带楔形座的制动蹄。

9）用手拆下压杆。

10）用手拆下楔形块。

【课后练习】
1. 制动器的作用是什么？
2. 汽车常用制动器的主要类型有哪些？

 项目七练习题

一、填空题

1. 汽车的变速器与驱动桥之间存在很大的交叉角度，因此，传动轴上通常使用_____万向联轴器。
2. 联轴器是用来连接不同机构中的两根轴（主动轴和从动轴），使之_____以传递转矩的机械零件。
3. 联轴器按照被连接两轴的相对位置和位置的变动情况，可分为_____联轴器和_____联轴器两大类。
4. 利用弹性元件的_____来补偿两轴的相对位移，并能缓冲、吸振的离合器称为_____联轴器。
5. 离合器是主、从动部分在同轴线上传递动力或运动时，具有_____或_____功能的装置。
6. 汽车离合器有_____、_____、_____等几种。
7. 周布弹簧离合器是采用_____作为压紧弹簧，并沿压盘圆周均匀分布的离合器。
8. 现代轿车中应用的制动器多为_____和_____。
9. 制动器一般设置在机构中_____的轴上。

二、判断题

（   ）1. 万向联轴器常用于汽车的传动轴上，常成对使用。
（   ）2. 万向节其实就是万向联轴器。
（   ）3. 汽车中转向盘与转向器的连接采用的是弹性柱销联轴器。
（   ）4. 联轴器和离合器在连接和传动作用上是相同的。
（   ）5. 联轴器都具有安全保护作用。
（   ）6. 汽车从起动到正常行驶过程中，离合器能方便地接合或断开动力的传递。
（   ）7. 汽车上的自动变速器运用了液力耦合器，从而可以实现自动变速。
（   ）8. 摩擦式离合器是利用零件间的摩擦力来传递动力的。
（   ）9. 双膜片式离合器广泛应用于轿车和轻、中型汽车上。
（   ）10. 载重量较大的货车采用单膜片式离合器。
（   ）11. 中高级轿车一般都采用盘式制动器。
（   ）12. 车速越高，制动所产生的热能越多，对制动性能的影响也越大。
（   ）13. 普通自行车上使用的制动器属于机械式的。
（   ）14. 鼓式制动器是外抱块式制动器。
（   ）15. 制动器都利用接触面的摩擦力来实现制动。

三、选择题

1. 下列关于滑块联轴器的描述中，错误的是_____。

A. 适用于低速场合
B. 具备缓冲、吸振的能力
C. 要求两轴的刚度较大
D. 滑块的两面各具有互相垂直的径向突出长方条

2. 汽车中转向器与转向盘的连接使用的是_____。
A. 凸缘联轴器 B. 套筒联轴器
C. 双万向联轴器 D. 弹性柱销联轴器

3. 一般适用于低速、轴的刚度较大、无剧烈冲击的场合是_____。
A. 凸缘联轴器 B. 套筒联轴器
C. 万向联轴器 D. 弹性柱销联轴器

4. 下列关于凸缘联轴器的描述中，错误的是_____。
A. 构造简单、成本低 B. 传递转矩小
C. 两轴对中性要求高 D. 不能补偿两轴间的偏移

5. _____允许两轴间有较大的角位移，且传递转矩较大。
A. 凸缘联轴器 B. 套筒联轴器
C. 万向联轴器 D. 弹性柱销联轴器

6. 汽车离合器安装在发动机与_____之间。
A. 变速器 B. 悬架 C. 转向系统 D. 转向器

7. 汽车空调压缩机与发动机的接合或分离采用的是_____。
A. 液力耦合器 B. 单膜片式离合器
C. 双膜片式离合器 D. 电磁离合器

8. 在机器运转状态下，能方便地将两轴分离或接合的是_____。
A. 联轴器 B. 制动器 C. 万向联轴器 D. 离合器

9. 下列不属于离合器作用的是_____。
A. 保证汽车平稳起步 B. 保证换档顺利
C. 防止过载 D. 提高发动机动力性

10. 为了降低汽车上某些运动部件的转速或使其停止，需要使用_____。
A. 制动器 B. 联轴器 C. 离合器 D. 以上都用

11. 在机床的主轴变速器中，制动器应装在_____轴上。
A. 高速 B. 低速 C. 中、高速 D. 任意

12. 鼓式制动器属于_____。
A. 机械式制动器 B. 电磁式制动器
C. 液力式制动器 D. 都不是

13. 已停驶的汽车保持原地不动是_____在起作用。
A. 地面 B. 离合器 C. 制动器 D. 联轴器

参 考 文 献

[1] 何向东,汤洁齐. 汽车机械基础 [M]. 2版. 北京:人民交通出版社股份有限公司,2016.
[2] 端俊. 汽车机械基础 [M]. 北京:机械工业出版社,2008.
[3] 黄斌. 汽车运行材料 [M]. 南京:江苏科学技术出版社,2009.

汽车机械基础

第 2 版

工作页

姓名＿＿＿＿＿＿＿＿＿

班级＿＿＿＿＿＿＿＿＿

学号＿＿＿＿＿＿＿＿＿

目 录

项目一 机械概述 ··· 1
技能训练 1.1 ··· 1
技能训练 1.2 ··· 5

项目二 汽车常用传动机构 ··· 9
技能训练 2.1 ··· 9
技能训练 2.2 ··· 12
技能训练 2.3 ··· 15

项目三 汽车带传动、链传动和齿轮传动 ································ 19
技能训练 3.1 ··· 19
技能训练 3.2 ··· 23
技能训练 3.3 ··· 27

项目四 汽车轮系 ··· 31
技能训练 ·· 31

项目五 汽车上的轴与轴承 ·· 35
技能训练 5.1 ··· 35
技能训练 5.2 ··· 39
技能训练 5.3 ··· 43

项目六 汽车上的键、销及螺纹连接 ······································· 47
技能训练 6.1 ··· 47
技能训练 6.2 ··· 50
技能训练 6.3 ··· 53

项目七 汽车联轴器、离合器和制动器 ···································· 57
技能训练 7.1 ··· 57
技能训练 7.2 ··· 61
技能训练 7.3 ··· 65

项目一 机械概述

技能训练 1.1

任务名称	认识机械的有关名词术语	
日期		地点
小组成员分工		

一、信息收集

1. 机器与机构有什么区别？试举例说明。

2. 请简述机器、机构、构件、零件、机械之间的关系。

二、工作计划

（一）信息分析

系统分析
1. 待分解的零部件总成的名称是什么？
2. 这个零部件总成由哪些功能元件组成？

1

(续)

安全措施 / 预防性措施

1. 工作中可能涉及的危险或危害有哪些?

2. 拆装前必须做好哪些准备工作?

所需工具、设备、检测工具

执行分解任务时需要哪些工具和设备?

拆装、制造商规范

1. 需要进行哪些拆卸和安装工作?

2. 制造商给出了哪些安装数据?

工作油液 / 辅助材料

1. 拆卸 / 安装时需要哪些工作油液或辅助材料?

2. 如何进行工作油液的废弃处理?

3. 使用和接触工作油液时必须遵守哪些保护措施?

（二）制订拆装和展示计划

序号	工作步骤	工具/设备/检测工具	工作油液/辅助材料	技术数据/规定	时间

三、任务实施

工作质量

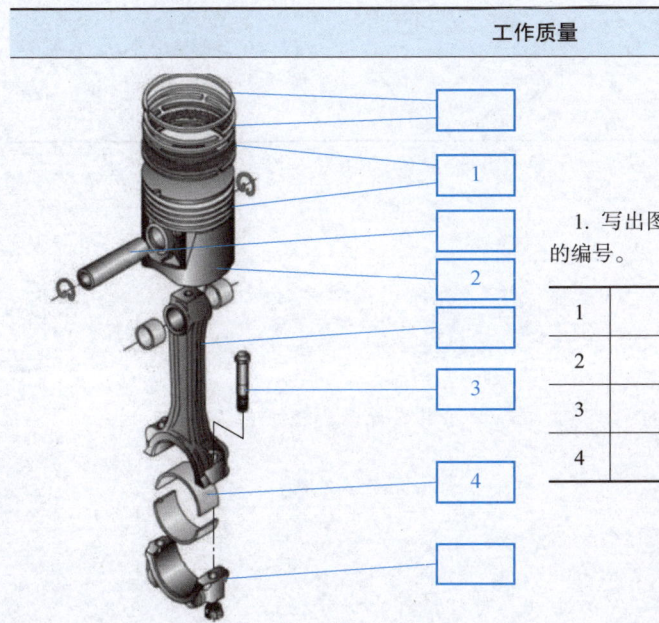

1. 写出图中各编号零件的名称并在图中补充其他的编号。

1	气环
2	活塞销
3	连杆
4	连杆盖

(续)

工作质量
2. 是否按工作计划进行了所有工作并做记录？
3. 部件、工作场所是否干净整洁？

四、评价反思

1. 是否达到了规定目标？

2. 与相关人员沟通的效率是否很高？

3. 组织工作是否很好？

4. 需要改善的方面有哪些？

技能训练 1.2

任务名称	认识摩擦、磨损和润滑		
日期		地点	
小组成员分工			

一、信息收集

1. 滑动摩擦和滚动摩擦有什么区别？

2. 汽车发动机曲轴采用的是哪种润滑方式？

二、工作计划

（一）信息分析

系统分析
1. 待分解的零部件总成的名称是什么？

2. 写出图中缺少的零部件名称。

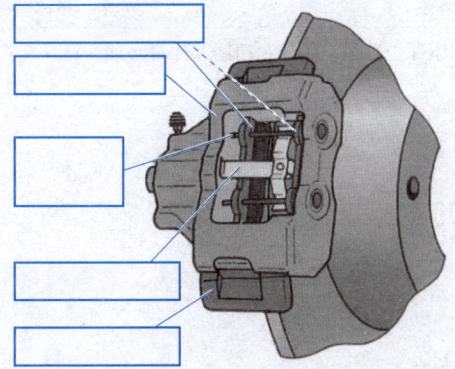

（续）

系统分析

3. 试分析整个总成如何工作？

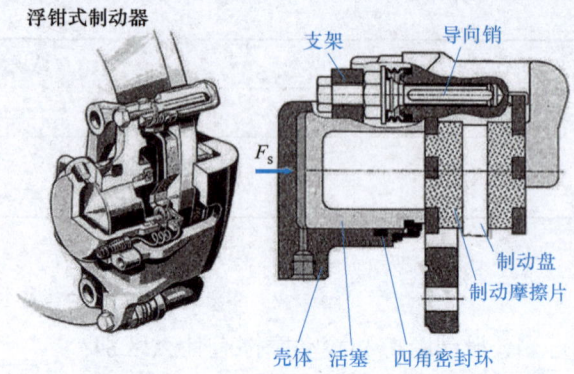
浮钳式制动器

安全措施／预防性措施

1. 工作中会涉及的危险或危害有哪些？

2. 拆装前必须做好哪些准备工作？

所需工具、设备、检测工具

1. 拆装时需要哪些工具、设备和检测设备？

2. 待检测元件的实际数据或规定数据是什么？

拆装、制造商规范

1. 出于健康保护考虑，清洁制动器部件时必须注意什么？

2. 需要进行哪些拆卸和安装工作？

（续）

拆装、制造商规范
3. 制造商给出了哪些安装数据？

工作油液 / 辅助材料
1. 拆卸 / 安装时需要哪些工作油液或辅助材料？
2. 如何进行工作油液废弃处理？
3. 使用和接触工作油液时必须遵守哪些保护措施？

（二）制订拆卸和安装计划

序号	工作步骤	工具 / 设备 / 检测工具	工作油液 / 辅助材料	技术数据 / 规定	时间

三、任务实施

工作质量

1. 摩擦片的磨损量

盘式制动器摩擦片磨损量测量作业表

待测量	1	2	3	标准值 /mm	磨损量 /mm
外侧摩擦片厚度					
内侧摩擦片厚度					

2. 是否按工作计划进行了所有工作并做记录？

3. 车辆、工作场所是否干净整洁？

四、评价反思

1. 是否达到了规定目标？

2. 与相关人员沟通的效率是否很高？

3. 组织工作是否很好？

4. 需要改善的方面有哪些？

项目二　汽车常用传动机构

技能训练 2.1

任务名称	认识机构运动	
日期		地点
小组成员分工		

一、信息收集

1. 举例说明汽车上的低副结构（至少 2 例）。

2. 机械传动如何分类？

二、工作计划

（一）信息分析

系统分析
1. 待认识的零部件的名称是什么？
2. 这个部件由哪些元件组成？
3. 整个部件有什么作用？

(续)

安全措施 / 预防性措施
1. 工作中会涉及的危险或危害有哪些？
2. 操作前需做好哪些准备工作？

所需工具、设备、检测工具
训练时需要哪些设备？

（二）制订工作计划

序号	工作步骤	工具 / 设备 / 检测工具	工作油液 / 辅助材料 / 配件	技术数据 / 规定	时间

三、任务实施

工作质量

1. 写出图中车门铰链的类型。

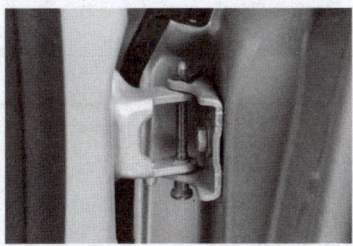 

_____ 类型　　　　　　　　　　　_____ 类型

2. 是否能指出车门铰链转动副的位置?

_____

_____

3. 是否按工作计划进行了所有工作?

_____

_____

4. 车辆、工作场所是否干净整洁?

_____

_____

四、评价反思

1. 是否达到了规定目标?

_____

_____

2. 与相关人员沟通的效率是否很高?

_____

_____

3. 组织工作是否很好?

_____

_____

4. 需要改善的方面有哪些?

_____

_____

技能训练 2.2

任务名称	认识铰链四杆机构及其应用	
日期		地点
小组成员分工		

一、信息收集

1. 铰链四杆机构的基本形式有哪些？如何判定？

2. 举例说明铰链四杆机构在汽车上的应用。

二、工作计划

（一）信息分析

系统分析
1. 画出汽车刮水器的简单示意图。
2. 画出火车车轮联动装置的简单示意图。

所需材料、工具
模型制造时需要哪些材料和工具？

（二）制订模型制作计划

序号	工作步骤	材料	工具	技术数据/规定	时间

三、任务实施

工作质量

1. 简述汽车刮水器是如何工作的？

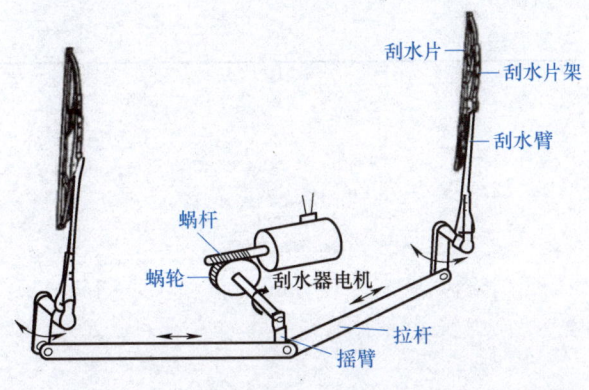

2. 所制作模型能实现功能演示吗？

（续）

工作质量
3. 是否按工作计划进行了所有工作并做记录？
4. 工作场所是否干净整洁？

四、评价反思

1. 是否达到了规定目标？

2. 与相关人员沟通的效率是否很高？

3. 组织工作是否很好？

4. 需要改善的方面有哪些？

技能训练 2.3

任务名称	认识凸轮机构及其应用	
日期		地点
小组成员分工		

一、信息收集

1. 凸轮机构有哪些类型？

2. 平底式从动件和尖顶式从动件各有什么优缺点？

二、工作计划

（一）信息分析

系统分析
1. 待分解的零部件的名称是什么？
2. 结合下图写出凸轮轴在发动机中的布置形式有哪些？

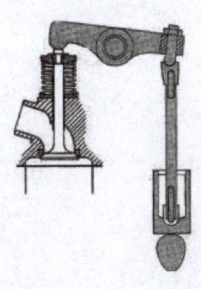 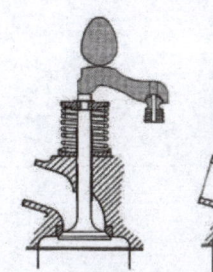 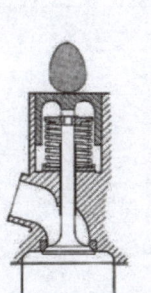 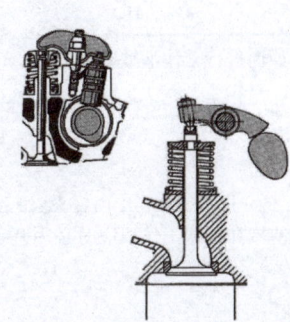

15

（续）

安全措施 / 预防性措施

1. 工作中会涉及的危险或危害有哪些？

2. 拆装前必须做好哪些准备工作？

所需工具、设备、检测工具

拆装时需要哪些工具和设备？

拆装、制造商规范

1. 需要进行哪些拆卸和安装工作？

2. 制造商给出了哪些安装数据？

工作油液 / 辅助材料

1. 拆卸/安装时需要哪些工作油液或辅助材料？

2. 如何进行工作油液废弃处理？

3. 使用和接触工作油液时必须遵守哪些保护措施？

（二）制订拆卸和安装计划

序号	工作步骤	工具/设备/检测工具	工作油液/辅助材料	技术数据/规定	时间

三、任务实施

工作质量

1. 分析发动机凸轮轴是如何工作的？

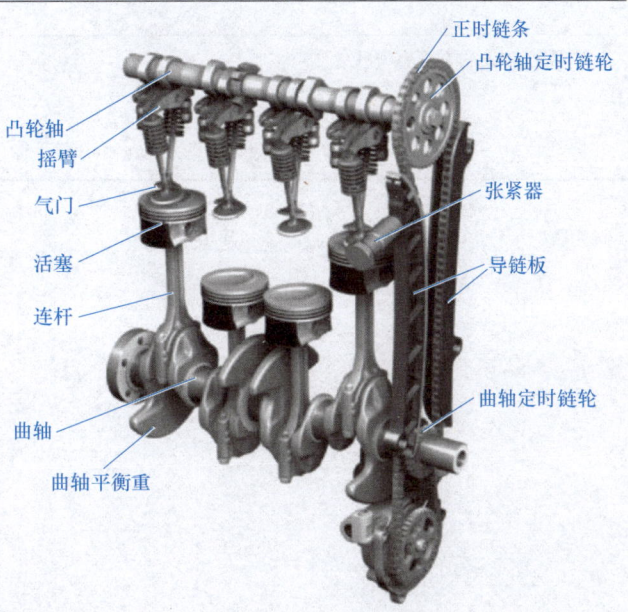

17

（续）

工作质量
2. 是否按工作计划进行了所有工作并做记录？
3. 发动机、工作场所是否干净整洁？

四、评价反思

1. 是否达到了规定目标？

2. 与相关人员沟通的效率是否很高？

3. 组织工作是否很好？

4. 需要改善的方面有哪些？

项目三　汽车带传动、链传动和齿轮传动

技能训练 3.1

任务名称	认识带传动及其应用	
日期		地点
小组成员分工		

一、信息收集

1. 简述带传动的组成和分类。

2. 多楔带传动相对于平带传动有哪些优点？

二、工作计划

（一）信息分析

系统分析
1. 给定的发动机中在哪些系统中用到了带传动？
2. 给定的发动机中包含哪些类型的带传动？

(续)

安全措施 / 预防性措施

1. 工作中会涉及的危险或危害有哪些？

2. 拆装前必须做好哪些准备工作？

所需工具、设备、检测工具

拆装时需要哪些工具和设备？

拆装、制造商规范

1. 需要进行哪些拆卸和安装工作？

2. 制造商给出了哪些安装数据？

（二）制订拆卸和安装计划

序号	工作步骤	工具/设备/检测工具	工作油液/辅助材料	技术数据/规定	时间

三、任务实施

工作质量

1. 请将下图中带传动各零部件的序号填到正确位置。

1）凸轮轴驱动齿轮 2）曲轴正时齿轮 3）水泵主动轮 4）中间齿轮 5）齿形三角正时带 6）导向辊 7）中间链轮 8）张紧架导轨 9）液压链条张紧机构 10）凸轮轴正时链条 11）导轨槽 12）张紧惰轮。

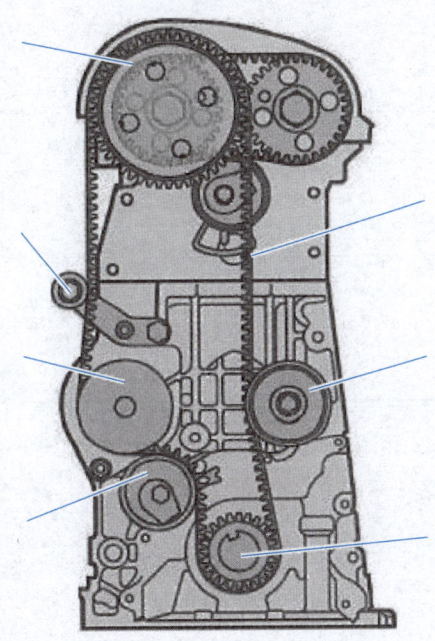

2. 所有正时标记是否正确对齐？

3. 是否按工作计划进行了所有工作并做记录？

4. 发动机、工作场所是否干净整洁？

四、评价反思

1. 是否达到了规定目标?

2. 与相关人员沟通的效率是否很高?

3. 组织工作是否很好?

4. 需要改善的方面有哪些?

技能训练 3.2

任务名称	认识链传动及其应用		
日期		地点	
小组成员分工			

一、信息收集

1. 链传动的工作原理是什么?

2. 链传动有什么优缺点?

3. 举例说明链传动在生活中的应用。

二、工作计划

(一)信息分析

系统分析
给定的发动机中在哪些系统中用到了链传动?

安全措施 / 预防性措施
1. 工作中会涉及的危险或危害有哪些?
2. 拆装前必须做好哪些准备工作?

（续）

所需工具、设备、检测工具
拆装时需要哪些工具和设备？

拆装、制造商规范
1. 需要进行哪些拆卸和安装工作？
2. 制造商给出了哪些安装数据？

工作油液/辅助材料
1. 拆卸/安装时需要哪些工作油液或辅助材料？
2. 如何进行工作油液废弃处理？
3. 使用和接触工作油液时必须遵守哪些保护措施？

（二）制订拆卸和安装计划

序号	工作步骤	工具/设备/检测工具	工作油液/辅助材料	技术数据/规定	时间

三、任务实施

工作质量

1. 请将下图中链传动各零部件的序号填到正确位置。
1）凸轮轴驱动齿轮 2）曲轴正时齿轮 3）冷却液泵主动轮 4）中间齿轮 5）齿形三角正时带 6）导向辊 7）中间链轮 8）张紧架导轨 9）液压链条张紧机构 10）凸轮轴正时链条 11）导轨槽 12）张紧惰轮。

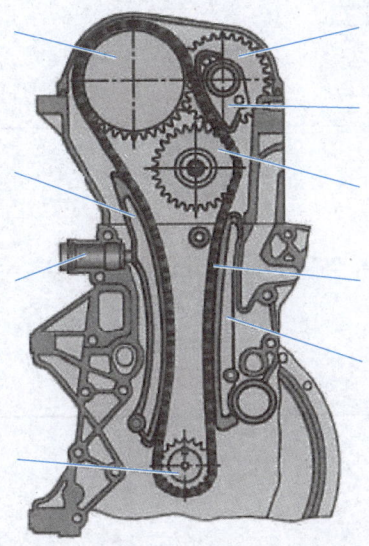

2. 是否按工作计划进行了所有工作并做记录？

3. 所有正时标记是否正确对齐？

4. 发动机、工作场所是否干净整洁？

四、评价反思

1. 是否达到了规定目标?

2. 与相关人员沟通的效率是否很高?

3. 组织工作是否很好?

4. 需要改善的方面有哪些?

技能训练 3.3

任务名称		认识齿轮传动及其应用	
日期		地点	
小组成员分工			

一、信息收集

1. 齿轮传动的类型有哪些？选取其中的一种来说明齿轮传动在汽车上的应用。

2. 齿轮传动的失效形式有哪几种？它们分别是如何造成的？

二、工作计划

（一）信息分析

系统分析
1. 待分解的系统的名称是什么？
2. 将图中零部件的编号填入对应零部件名称处。 ＿＿＿＿＿＿输出轴 ＿＿＿＿＿＿带有连杆的换档拨片 ＿＿＿＿＿＿输入轴 ＿＿＿＿＿＿中间轴

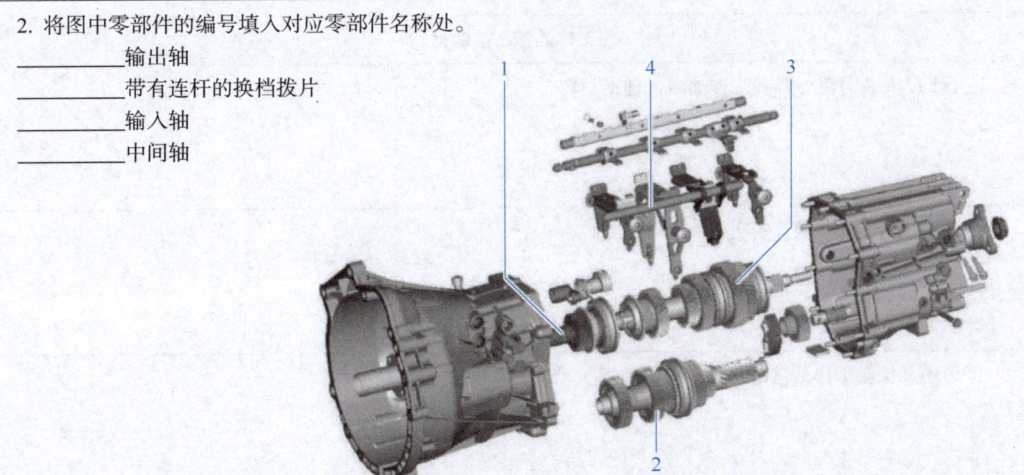

（续）

安全措施/预防性措施

1. 工作中会涉及的危险或危害有哪些？

2. 拆装前必须做好哪些准备工作？

所需工具、设备、检测工具

拆装时需要哪些工具和设备？

拆装、制造商规范

1. 需要进行哪些拆卸和安装工作？

2. 制造商给出了哪些安装数据？

工作油液/辅助材料

1. 拆卸/安装时需要哪些工作油液或辅助材料？

2. 如何进行工作油液废弃处理？

3. 使用和接触工作油液时必须遵守哪些保护措施？

（二）制订拆卸和安装计划

序号	工作步骤	工具/设备/检测工具	工作油液/辅助材料	技术数据/规定	时间

三、任务实施

工作质量

1. 在图中用箭头标出齿轮旋转方向。

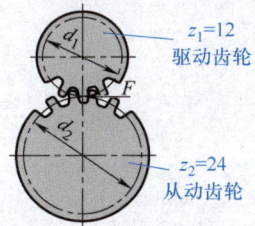 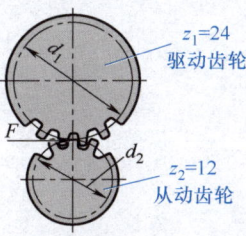 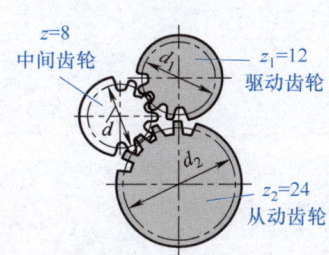

2. 结合变速器拆解实物，观察齿轮转动情况，试写出3档的动力传递路线。

（续）

工作质量
3. 是否按工作计划进行了所有工作并做记录？
4. 变速器、工作场所是否干净整洁？

四、评价反思

1. 是否达到了规定目标？

2. 与相关人员沟通的效率是否很高？

3. 组织工作是否很好？

4. 需要改善的方面有哪些？

项目四 汽车轮系

技能训练

任务名称	认识轮系的分类及应用	
日期		地点
小组成员分工		

一、信息收集

1. 轮系的作用是什么？轮系有哪几种类型？

2. 举例说明轮系在汽车上的应用。

3. 如何计算轮系传动比的大小？

4. 如何确定轮系中各齿轮的转动方向？

二、工作计划

（一）信息分析

系统分析
1. 这个系统总成称为什么？

（续）

系统分析

2. 标识出图中所示零件名称

1) _____
2) _____
3) _____
4) _____
5) _____
6) _____
7) _____

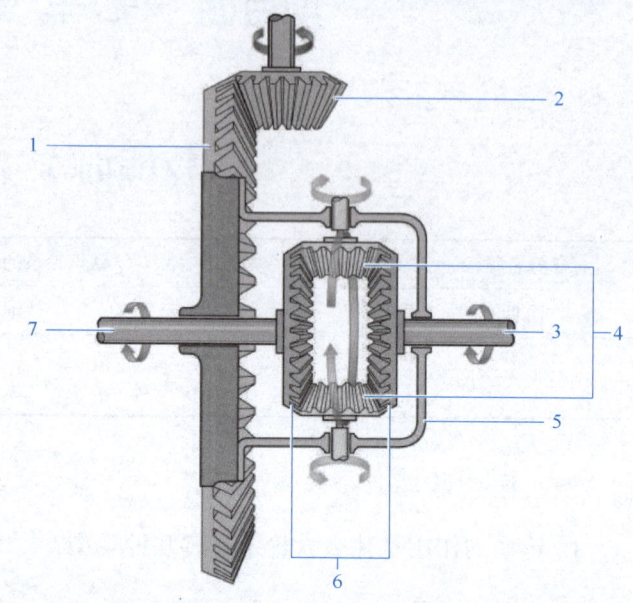

所需工具、设备、检测工具

拆装时需要哪些工具和设备？

（二）制订工作计划

序号	工作步骤	工具/设备/检测工具	工作油液/辅助材料	技术数据/规定	时间

三、任务实施

工作质量

1. 给定的汽车差速器中有几对齿轮相互啮合？是哪种类型的轮系？

2. 在右侧齿轮啮合示意图中对每个齿轮标识出转动时的转动方向箭头。

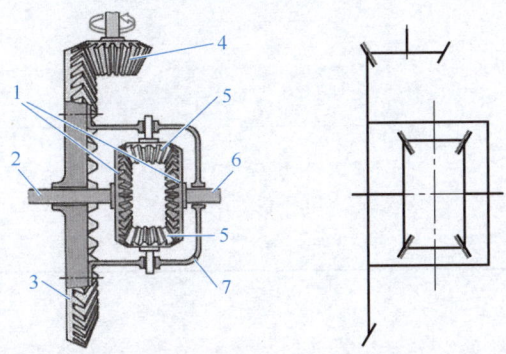

3. 在下表中写出不同齿轮所对应的转速和传动比。

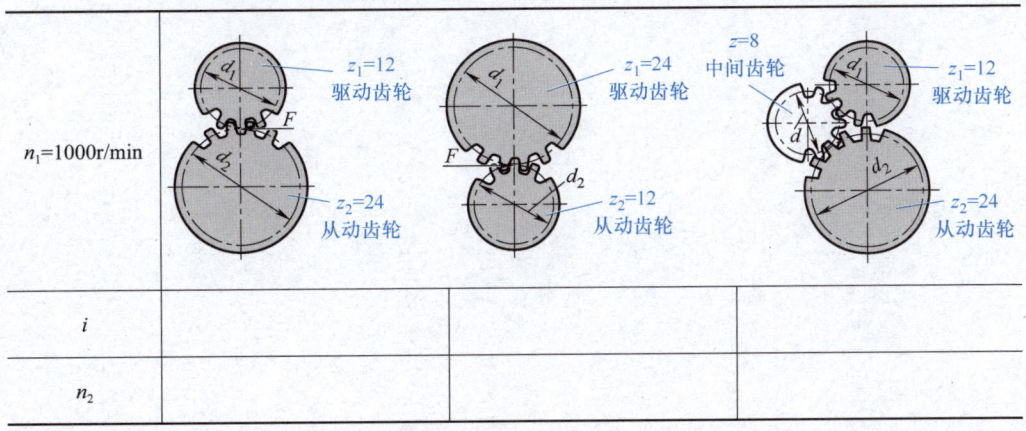

n_1=1000r/min			
i			
n_2			

4. 是否按工作计划进行了所有工作并做记录？

5. 差速器、工作场所是否干净整洁？

四、评价反思

1. 是否达到了规定目标?

2. 与相关人员沟通的效率是否很高?

3. 组织工作是否很好?

4. 需要改善的方面有哪些?

项目五　汽车上的轴与轴承

技能训练 5.1

任务名称	认识轴及其应用		
日期		地点	
小组成员分工			

一、信息收集

1. 轴的轴向定位有哪些方法？它们各有什么特点？

2. 举例说明轴在汽车上的应用（至少 3 例）。

二、工作计划

（一）信息分析

系统分析
1. 待拆装的零部件的名称是什么？
2. 这个零部件分别连接哪些部件？

（续）

安全措施 / 预防性措施

1. 工作中会涉及的危险或危害有哪些？

2. 拆装前必须做好哪些准备工作？

所需工具、设备、检测工具

拆装时需要哪些工具和设备？

拆装、制造商规范

1. 需要进行哪些拆卸和安装工作？

2. 制造商给出了哪些安装数据？

工作油液 / 辅助材料

1. 拆卸 / 安装时需要哪些工作油液或辅助材料？

2. 如何进行工作油液废弃处理？

3. 使用和接触工作油液时必须遵守哪些保护措施？

（二）制订拆卸和安装计划

序号	工作步骤	工具/设备/检测工具	工作油液/辅助材料	技术数据/规定	时间

三、任务实施

工作质量

1. 通过对汽车半轴的运转观察，写出半轴如何实现动力传递？

2. 是否按工作计划进行了所有工作并做记录？

3. 车辆、工作场所是否干净整洁？

四、评价反思

1. 是否达到了规定目标?

2. 与相关人员沟通的效率是否很高?

3. 组织工作是否很好?

4. 需要改善的方面有哪些?

技能训练 5.2

任务名称	认识滑动轴承及其应用	
日期		地点
小组成员分工		

一、信息收集

1. 滑动轴承的特点是什么？

2. 滑动轴承有哪些结构形式？

3. 举例说明滑动轴承在汽车上的应用。

二、工作计划

（一）信息分析

系统分析
1. 待拆装的零部件的名称是什么？
2. 写出待拆装零部件的主要作用。

安全措施 / 预防性措施
1. 工作中会涉及的危险或危害有哪些？

(续)

安全措施 / 预防性措施

2. 拆装前必须做好哪些准备工作？

所需工具、设备、检测工具

拆装时需要哪些工具和设备？

拆装、制造商规范

1. 需要进行哪些拆卸和安装工作？

2. 制造商给出了哪些安装数据？

工作油液 / 辅助材料

1. 拆卸 / 安装时需要哪些工作油液或辅助材料？

2. 如何进行工作油液废弃处理？

3. 使用和接触工作油液时必须遵守哪些保护措施？

（二）制订拆卸和安装计划

序号	工作步骤	工具/设备/检测工具	工作油液/辅助材料	技术数据/规定	时间

三、任务实施

工作质量

1. 观察拆卸的曲轴轴瓦，分别写出图中两类曲轴轴承的名称。

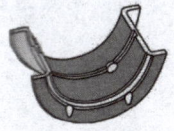 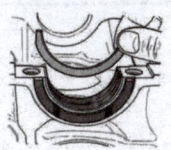 

2. 根据下图所示发动机运行情况，分析是如何形成滑动轴承的。

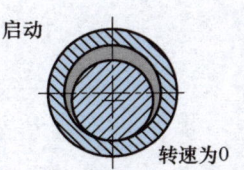 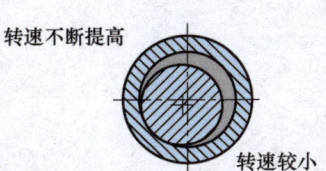 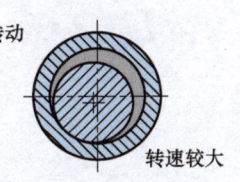

（续）

工作质量
3. 是否按工作计划进行了所有工作并做记录？
4. 发动机、工作场所是否干净整洁？

四、评价反思

1. 是否达到了规定目标？

2. 与相关人员沟通的效率是否很高？

3. 组织工作是否很好？

4. 需要改善的方面有哪些？

技能训练 5.3

任务名称	认识滚动轴承及其应用	
日期		地点
小组成员分工		

一、信息收集

1. 写出右图所示滚动轴承各组成部分的名称。

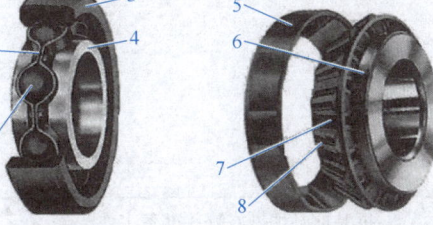

1) _____ 5) _____
2) _____ 6) _____
3) _____ 7) _____
4) _____ 8) _____

2. 写出右图所示各类滚动轴承的名称（按照滚动体的外形分类）。

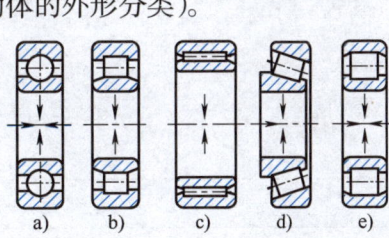

a) _____
b) _____
c) _____
d) _____
e) _____

3. 滚动轴承有哪些失效形式？

4. 举例说明滚动轴承在汽车上的应用。

二、工作计划

（一）信息分析

系统分析
1. 待分解的零部件总成名称是什么？

（续）

系统分析
2. 这个零部件总成由哪些功能元件组成？

安全措施/预防性措施
1. 工作中会涉及的危险或危害有哪些？
2. 拆装前必须做好哪些准备工作？

所需工具、设备、检测工具
拆装时需要哪些工具和设备？

拆装、制造商规范
1. 需要进行哪些拆卸和安装工作？
2. 制造商给出了哪些安装数据？

（二）制订拆卸和安装计划

序号	工作步骤	工具/设备/检测工具	工作油液/辅助材料	技术数据/规定	时间

三、任务实施

工作质量

1. 输出轴上有哪几种滚动轴承？

2. 分析并写出输出轴上各滚动轴承是如何发挥作用的？

3. 滚动轴承是否有失效缺陷？

4. 是否按工作计划进行了所有工作并做记录？

5. 车辆、工作场所是否干净整洁？

四、评价反思

1. 是否达到了规定目标?

2. 与相关人员沟通的效率是否很高?

3. 组织工作是否很好?

4. 需要改善的方面有哪些?

项目六　汽车上的键、销及螺纹连接

技能训练 6.1

任务名称	认识键连接及其应用	
日期		地点
小组成员分工		

一、信息收集

1. 键连接的作用是什么？

2. 键连接有哪些类型？

3. 举例说明花键连接在汽车上的应用。

二、工作计划

（一）信息分析

所需工具、设备、检测工具
装配时需要哪些工具和设备？

（二）制订拆卸和安装计划

序号	工作步骤	工具/设备/检测工具	工作油液/辅助材料	技术数据/规定	时间

三、任务实施

工作质量
1. 认识了几种类型的键？
2. 能否根据提供的键准确说出键的名称？　　能□　不能□
3. 能否准确快速拆装各种类型的键？　　能□　不能□
4. 是否按工作计划进行了所有工作？
5. 工作场所是否干净整洁？

四、评价反思

1. 是否达到了规定目标?

2. 与相关人员沟通的效率是否很高?

3. 组织工作是否很好?

4. 需要改善的方面有哪些?

技能训练 6.2

任务名称	认识销连接及其应用		
日期		地点	
小组成员分工			

一、信息收集

1. 销有哪几种类型？

2. 举例说明销在汽车上的应用。

二、工作计划

（一）信息分析

安全措施/预防性措施

1. 工作中会涉及的危险或危害有哪些？

2. 拆装前必须做好哪些准备工作？

所需工具、设备、检测工具

拆装时需要哪些工具、设备和检测设备？

拆装、制造商规范

1. 需要进行哪些拆卸和安装工作？

(续)

拆装、制造商规范

2. 制造商给出了哪些安装数据?

（二）制订拆卸和安装计划

序号	工作步骤	工具/设备/ 检测工具	工作油液/ 辅助材料	技术数据/ 规定	时间

三、任务实施

工作质量

1. 认识了哪几种类型的销连接?

2. 能否根据提供的销连接准确说出销的类型?　　能□　不能□

3. 是否按工作计划进行了所有工作?

4. 工作场所是否干净整洁?

51

四、评价反思

1. 是否达到了规定目标?

2. 与相关人员沟通的效率是否很高?

3. 组织工作是否很好?

4. 需要改善的方面有哪些?

技能训练 6.3

任务名称	认识螺纹连接及其应用	
日期		地点	
小组成员分工			

一、信息收集

1. 螺纹有哪些分类方法?

2. 写出常用螺纹连接的类型。

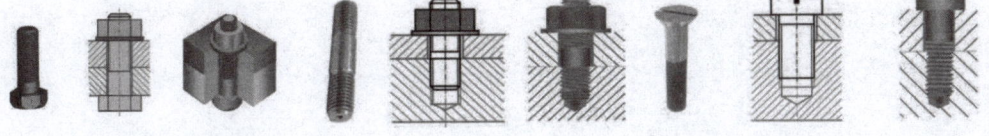

3. 举例说明哪几种类型的螺纹连接在汽车上常被采用。

二、工作计划

（一）信息分析

安全措施 / 预防性措施

1. 工作中会涉及的危险或危害有哪些?

（续）

安全措施 / 预防性措施

2. 拆装前必须做好哪些准备工作？

所需工具、设备、检测工具

拆装时需要哪些工具和设备？

拆装、制造商规范

1. 需要进行哪些拆卸和安装工作？

2. 制造商给出了哪些安装数据？

工作油液 / 辅助材料

1. 拆卸 / 安装时需要哪些工作油液或辅助材料？

2. 如何进行工作油液废弃处理？

3. 使用和接触工作油液时必须遵守哪些保护措施？

（二）制订拆卸和安装计划

序号	工作步骤	工具/设备/检测工具	工作油液/辅助材料	技术数据/规定	时间

三、任务实施

工作质量

1. 给定的发动机上有几种类型的螺纹连接？

2. 能否根据提供的螺纹连接准确说出螺纹的类型？　能☐　不能☐
3. 能否根据提供的螺纹连接准确说出螺纹连接的类型？　能☐　不能☐
4. 是否按工作计划进行了所有工作？

5. 发动机、工作场所是否干净整洁？

四、评价反思

1. 是否达到了规定目标?

2. 与相关人员沟通的效率是否很高?

3. 组织工作是否很好?

4. 需要改善的方面有哪些?

项目七　汽车联轴器、离合器和制动器

技能训练 7.1

任务名称	联轴器的选择及应用	
日期		地点
小组成员分工		

一、信息收集

1. 联轴器的作用是什么？

2. 联轴器有哪些类型？

3. 举例说明联轴器在汽车上的应用。

二、工作计划

（一）信息分析

系统分析

1. 待分解的零部件总成的名称是什么？

(续)

系统分析

2. 将图中所示编号对应的零件名称补充完整。

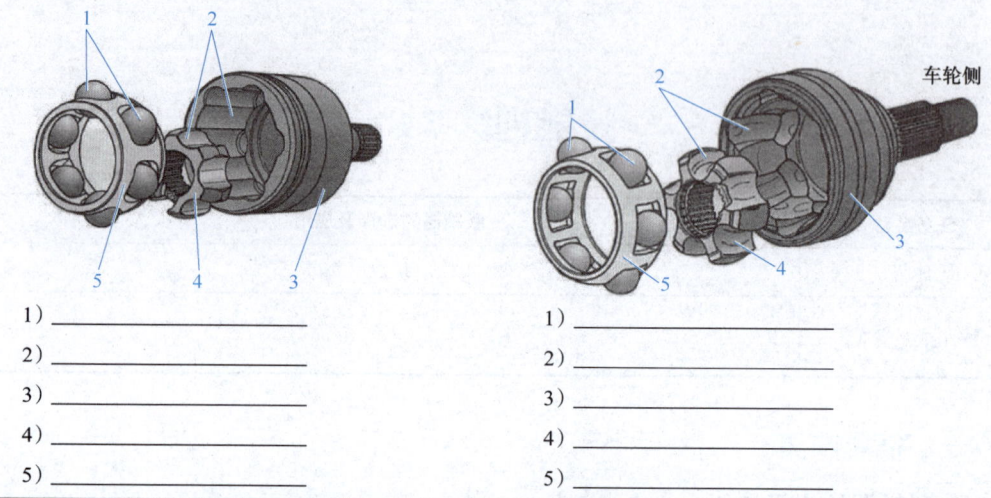

1) _____
2) _____
3) _____
4) _____
5) _____

1) _____
2) _____
3) _____
4) _____
5) _____

安全措施 / 预防性措施

1. 工作中会涉及的危险或危害有哪些？

2. 拆装前必须做好哪些准备工作？

所需工具、设备、检测工具

拆装时需要哪些工具和设备？

拆装、制造商规范

1. 需要进行哪些拆卸和安装工作？

2. 制造商给出了哪些安装数据？

（续）

工作油液 / 辅助材料

1. 拆卸 / 安装时需要哪些工作油液或辅助材料？

2. 如何进行工作油液废弃处理？

3. 使用和接触工作油液时必须遵守哪些保护措施？

（二）制订拆卸和安装计划

序号	工作步骤	工具 / 设备 / 检测工具	工作油液 / 辅助材料	技术数据 / 规定	时间

三、任务实施

工作质量
1. 球笼式万向联轴器各部件是否磨损、变形？是否需要更换？
2. 是否按工作计划进行了所有工作并做记录？
3. 工作场所是否干净整洁？

四、评价反思

1. 是否达到了规定目标？

2. 与相关人员沟通的效率是否很高？

3. 组织工作是否很好？

4. 需要改善的方面有哪些？

技能训练 7.2

任务名称	离合器的选择及应用	
日期		地点
小组成员分工		

一、信息收集

1. 离合器的作用是什么?

2. 汽车离合器的主要类型有哪些?

二、工作计划

（一）信息分析

系统分析

1. 待分解的零部件总成的名称是什么?

(续)

系统分析

2. 将图中所示的单片离合器中缺少的编号和对应的名称补充完整。

1) _____
2) _____
3) _____
4) _____
5) _____
6) _____
7) _____
8) 扭转弹簧
9) 分离拨叉
10) 传动片
11) 变速器输入轴

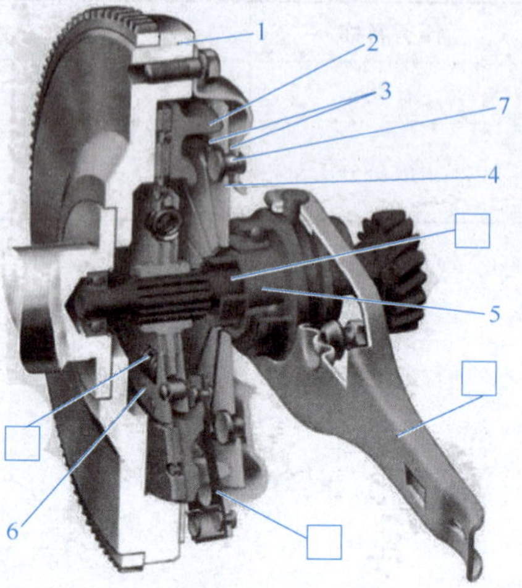

安全措施 / 预防性措施

1. 工作中会涉及的危险或危害有哪些?

2. 拆装前必须做好哪些准备工作?

所需工具、设备、检测工具

拆装时需要哪些工具和设备?

拆装、制造商规范

1. 出于健康保护考虑,清洁离合器部件时必须注意什么?

2. 需要进行哪些拆卸和安装工作?

3. 制造商给出了哪些安装数据?

(续)

工作油液/辅助材料

1. 拆卸/安装时需要哪些工作油液或辅助材料?

2. 如何进行工作油液废弃处理?

3. 使用和接触工作油液时必须遵守哪些保护措施?

(二)制订拆卸和安装计划

序号	工作步骤	工具/设备/检测工具	工作油液/辅助材料	技术数据/规定	时间

三、任务实施

工作质量
1. 是否能够一一指出膜片弹簧式离合器各组成元件？
2. 安装后检查所有螺栓是否拧紧？飞轮与从动盘是否同心？
3. 是否按工作计划进行了所有工作并做记录？
4. 离合器、工作场所是否干净整洁？

四、评价反思

1. 是否达到了规定目标？

2. 与相关人员沟通的效率是否很高？

3. 组织工作是否很好？

4. 需要改善的方面有哪些？

技能训练 7.3

任务名称		制动器的选择及应用	
日期		地点	
小组成员分工			

一、信息收集

1. 制动器的作用是什么?

2. 汽车常用制动器的主要类型有哪些?

二、工作计划

(一)信息分析

系统分析
1. 待分解的系统的名称是什么? 
2. 写出图中所示序号零部件的名称。 1)_____ 2)_____ 3)_____ 4)_____ 5)_____ 6)_____ 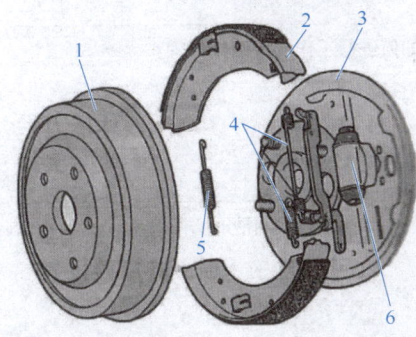

（续）

安全措施/预防性措施

1. 工作中会涉及的危险或危害有哪些?

2. 拆装前必须做好哪些准备工作?

所需工具、设备、检测工具

拆装时需要哪些工具和设备?

拆装、制造商规范

1. 出于健康保护考虑，清洁制动器部件时必须注意什么?

2. 需要进行哪些拆卸和安装工作?

3. 制造商给出了哪些安装数据?

工作油液/辅助材料

1. 拆卸/安装时需要哪些工作油液或辅助材料?

2. 如何进行工作油液废弃处理?

3. 使用和接触工作油液时必须遵守哪些保护措施?

（二）制订拆卸和安装计划

序号	工作步骤	工具/设备/检测工具	工作油液/辅助材料	技术数据/规定	时间

三、任务实施

工作质量
1. 是否能够——指出鼓式制动器各组成元件？
2. 是否按工作计划进行了所有工作并做记录？
3. 车辆、工作场所是否干净整洁？

四、评价反思

1. 是否达到了规定目标?

2. 与相关人员沟通的效率是否很高?

3. 组织工作是否很好?

4. 需要改善的方面有哪些?